piccoli gourmet
crescono

ricette e consigli per insegnare ai bambini
a mangiare di tutto fin dallo svezzamento

Sigrid Verbert

piccoli gourmet
crescono

ricette e consigli per insegnare ai bambini
a mangiare di tutto fin dallo svezzamento

MONDADORI

*Questo libro è dedicato a tutte le mamme, neo e future,
sperando possa guidarle nel favoloso mondo dei primi cibi
e ispirare la loro creatività. Preferendo la via del "cucinato in casa"
a quella dei cibi pronti, faranno a loro stesse e ai loro figli
un bellissimo regalo fatto di gesti, profumi e sapori autentici.*

Sigrid

Testi e fotografie Sigrid Verbert
Illustrazioni Chiara Buccheri
Progetto grafico e copertina Chiara Borda

© 2013 Mondadori Electa S.p.A., Milano
Mondadori Libri Illustrati
Tutti i diritti riservati
Prima edizione: aprile 2013

www.librimondadori.it

sommario

e mangiarono tutti felici e contenti

Mentre finivo di scrivere questo libro, una sera abbiamo portato nostra figlia di quasi due anni in pizzeria: è rimasta seduta per conto suo a mangiare i suoi spicchi di margherita, poi ha attinto alla mia pizza con broccoletti e salsiccia e mi ha persino rubato mezza pannacotta. Non ho potuto fare a meno di pensare che fosse proprio finita un'era (in realtà era finita già da un po'), quella delle pappe frullate e delle cucchiaiate imboccate: avevo ormai di fronte un personcina perfettamente capace di discernimento in materia di cibo (e che non sempre vuole mangiare quello che dico io, non illudetevi...), e altrettanto capace di alimentarsi da sola.

È passata davvero una vita da quei primissimi barattolini di composta di pera meticolosamente preparati con la frutta del nostro giardino e sterilizzati in casa. Una vita in cui Lena è passata dalle compostine ai purè, alle pastine, alla pasta e infine a qualsiasi cosa potesse tenere in mano o infilzare con la forchetta.
Ho imparato molto anch'io fin dalla gravidanza, che è stato il primo momento in cui ho iniziato a pensare al cibo che ingerivo dal punto di vista nutrizionale, scegliendolo quindi in base non soltanto alla bontà (l'unico mio vero criterio fino ad allora), ma soprattutto alle qualità nutritive. Insieme a Lena ho imparato a cucinare e a mangiare diversamente da come ero abituata, diciamo in modo più consapevole.

avvertenza

Se non altrimenti indicato, le dosi s'intendono per 1 porzione.
Nel cibo per neonati non devono essere aggiunti sale o zucchero.

Quel che ho cercato di raccontare in questo libro è l'insieme dei piccoli progressi fatti in questo anno e mezzo di pappe quotidiane: l'unica mia ambizione è stata, come sempre, di condividere piccole e grandi "scoperte" (non invenzioni, ma cose lette, pensate, rivisitate, sperimentate e che, in qualche modo, si sono dimostrate convincenti), idee, ricette, utilizzi dal risvolto pratico (e da quando sono diventata mamma il concetto di "praticità" ha scalato una buona decina di posti nella mia personale scala dei valori...). Ciò che troverete qui sono, quindi, suggerimenti, soluzioni e buone idee che mi sono stati utili. Ve li trasmetto sperando possano essere validi anche per voi.

Infine, e questa è forse la grande verità che si scopre da genitori e che vale un po' su tutti i fronti, non esistono soluzioni monolitiche e ricette universali. Ogni figlio e ogni legame fra lui e voi è diverso, pertanto non ci sono regole sempre efficaci in fatto di cibo o di nanna o di qualsiasi altra cosa riguardi l'universo infantile. In questo volume non troverete, quindi, ricette infallibili per far mangiare di tutto ai vostri piccoli, mi spiace. Ma se userete queste ricette come spunto, se offrirete il vostro tempo e la vostra attenzione, se riuscirete a proporre il pasto come un momento di felice piacere (e state sicuri che a volte questo vi costerà tutto lo spirito zen che avete), se imparerete a riconoscere i bisogni di vostro figlio e a rispettarli, allora state certi che crescerà bene e mangerà felice per molti, moltissimi anni...

prime pappe
da 6 a 8 mesi

imparare a mangiare

Il primo anno di vita di un bimbo è un vero e proprio continuum di momenti importanti in cui si alternano piccoli traguardi, grandi scoperte ed entusiasmanti novità sia per il piccolino che ha tutto da imparare del mondo, sia per l'adulto che lo accompagna, lo aiuta e lo osserva curioso e insieme commosso. E uno dei momenti più importanti del primo anno è appunto quando vostro figlio inizia ad assaggiare qualcosa che non sia il latte.

Va ricordato prima di tutto che lo standard mondiale per l'inizio dello svezzamento viene stabilito al compimento del sesto mese, vale a dire che fino ad allora, a meno di serie motivazioni di ordine medicale, non c'è nessun bisogno di introdurre alimenti in sostituzione del latte (possibilmente materno), che in quel momento è quanto di meglio si possa dare al proprio figlio, coprendone tutti i bisogni alimentari al fine di una crescita ottimale.

Le prime pappe apriranno la via verso un mondo nuovo, anche se le variazioni sul gusto non sono esattamente una novità: già nel latte, e prima ancora nell'utero, i bimbi assaggiano sapori diversi e partecipano alla dieta alimentare della mamma. Lo svezzamento, però, farà loro conoscere nuove consistenze, colori e sapori più definiti e forti, mentre l'introduzione del cucchiaino segna anche la fine del periodo in cui cibarsi significava esclusivamente "succhiare".

Il cibo solleciterà diversamente anche l'apparato digerente, dato che lo svezzamento è, per il bambino, una vera e propria "rivoluzione copernicana" da compiere in dolcezza e con pazienza.

Imparare a mangiare è in ogni caso una bellissima avventura, e poter insegnare a un bimbo come cibarsi è un grande piacere oltre che una enorme responsabilità, poiché le abitudini – sane o cattive che siano – si formano fin dalla primissima infanzia. Infine, come genitori conoscerete momenti sia di soddisfazione, sia di frustrazione: è sempre un dispiacere vedere un bimbo rifiutare categoricamente una pappa preparata con infinita cura e amore. Succede a tutti, ve l'assicuro, non fatene un dramma e vedrete che, con calma e pazienza, i piccoli mangiatori cresceranno...

il "bestseller" di casa mia

Ho preparato questa pappa moltissime volte
e alla fine la mangiavo anch'io:
prima di aggiungere la farina ecc.,
basta allungarla con brodo
e un cucchiaio di mascarpone
e diventa un'ottima zuppa per adulti.

pappa di zucca, carote e patate

200 g di zucca, 2 carote, 1 patata, 1 o 2 cucchiai di farina di mais o di semolino per bebè, 1 arancia, 1 cucchiaino di parmigiano grattugiato, 1 cucchiaino d'olio extravergine d'oliva

Sbucciare la zucca, le carote e la patata. Tagliare le verdure a pezzetti, sistemarle in un pentolino, aggiungere acqua in modo da coprire appena le verdure, coperchiare e lasciar cuocere per circa 10 minuti. Trascorso questo tempo scolare le verdure, frullarle aggiungendo acqua quanto basta in modo da ottenere una crema non troppo densa (ma neanche lentissima). A questo punto prelevare la dose necessaria al pasto (circa 120/140 ml), porzionare il resto per la congelazione. Alla singola dose da consumare aggiungere la farina, 1 cucchiaio di succo di arancia, il parmigiano e l'olio e mescolare vigorosamente con una forchetta in modo da ottenere una crema morbida ma consistente. Servire tiepida.

il lato dolce delle radici

Come prime pappe tutte le cremine a base di radici e tuberi (carote, patate, patate dolci, pastinaca, topinambur...) sono molto amate, così come tutto ciò che contiene verdure tendenzialmente dolci (piselli, zucca, zucchine...). Usate questa preferenza come un asso nella manica, integrando man mano sapori meno dolci in modo che la transizione sia graduale e soprattutto piacevole.

a proposito di brodo

brodino sì, brodino no

Quando ho iniziato a informarmi sullo svezzamento ho capito che esistono due "scuole": quella italiana, in cui le prime pappe sono a base di farine diluite con un brodino insipido, e quella francese in cui ai bimbi si danno colorati e sani purè di piselli, carote, patate ecc.

Dopo due giorni di tristi brodini insipidi ho pensato che non fosse giusto dare ai bimbi cose che non vorremmo mangiare noi. E così ho scelto la via dei purè di verdure.

il brodo di carne

L'ho preparato spesso e volentieri, utilizzandolo per diluire la farina multicereali insieme al formaggio fresco della pappa serale. Si procede come per un normale brodo (di gallina o di manzo, di ottima qualità, con un po' di odori e senza sale), si lascia raffreddare e poi si congela il brodo non sgrassato in dosi di 15 cl (in bottigliette di vetro con tappo a vite, riciclo sterilizzato di alcuni succhi che bevo io).

un tocco di frutta

Aggiungere frutta alla pappa di verdura
è un ottimo modo per arrotondarne il sapore;
è buona cosa anche cucinare un misto di ortaggi
in modo da introdurre, per esempio, gli spinaci.

crema di zucchine, spinaci e pere

1/2 zucchina, 20 g di spinacini freschi, 1/2 pera, 1 cucchiaio di formaggio fresco, 1 cucchiaio d'olio extravergine d'oliva, 1 cucchiaio di miglio in fiocchi per bebè

Lavare gli spinacini e la zucchina, tagliando poi quest'ultima a cubetti. Sistemare entrambe le verdure in un pentolino e coprire a filo d'acqua. Sbucciare la pera, tagliarla a dadini e aggiungerla alle verdure dopo 5 minuti di cottura. Lasciar cuocere per altri 5 minuti. Scolare tenendo da parte l'acqua di cottura, poi frullare le verdure e aggiungere acqua quanto basta per ottenere una crema liscia. Incorporare infine il formaggio, l'olio e i fiocchi di miglio, mescolando energicamente in modo da ottenere un composto cremoso. Correggere eventualmente la densità con un goccio di acqua di cottura delle verdure. Servire tiepida.

versatilità in barattolo

Questa è un'altra pappa facile da trasformare a seconda dei bisogni. Si può preparare eliminando la pera e aggiungendo, a piacere, due foglioline di basilico o un rametto di timo, oppure si possono sostituire gli spinaci con le biete. Si congela in dosi di circa 15 cl che basterà scongelare e arricchire con olio, formaggio e una porzione di pollo, tacchino, coniglio o, più avanti, pesce bianco.

le creme di cereali

la papapapapappa...

Le creme di cereali sono una componente essenziale durante lo svezzamento: si combinano con i passati di verdure o il brodo (sono istantanee, basta aggiungerle, mescolare bene, lasciar riposare per un minuto e la pappa è pronta).

Sono molto digeribili e saranno principalmente esse a fornire carboidrati. Si trovano anche in versione bio, integrali e garantite senza OGM.

...per tutti i gusti

Esistono vari tipi di creme. Le prime che il bimbo potrà mangiare sono quelle di riso, di miglio e di mais e tapioca, che sono naturalmente prive di glutine e hanno un sapore piuttosto dolciastro. Dai 6 mesi in poi si potranno introdurre quelle contenenti glutine come il semolino o la crema multicereali, da proporre anche in base alle preferenze del bambino.

glutine sì, glutine no

Studi scientifici dimostrano che la celiachia nei bambini potrebbe essere legata a un'introduzione troppo precoce del glutine nella loro alimentazione.
È questo il motivo per cui i pediatri consigliano solitamente di non dare creme contenenti glutine prima dei 6 mesi compiuti.

In ogni caso ricordatevi che l'inserimento nell'alimentazione del bambino di prodotti contenenti glutine va sempre fatto in accordo con il medico.

Crema
FARRO

EREALI

*È decisamente invernale
questa pappa ispirata alla vichyssoise,
classicissima zuppa francese con gli
stessi ingredienti. L'abbinamento porro,
patate e formaggio è semplice ma ottimo.*

crema di porri, patate e ricotta

1 pezzetto (5 cm) di parte bianca di porro, 2 piccole patate, 1 rametto di timo fresco, 30 g di ricotta vaccina fresca, 1 cucchiaino di parmigiano grattugiato, 1 cucchiaino d'olio extravergine d'oliva

Affettare il porro, sbucciare e affettare le patate, versare il tutto in un pentolino, aggiungere il timo, coprire a filo con acqua e far cuocere per 15 minuti. A cottura ultimata eliminare il timo, scolare le verdure (tenendo da parte l'acqua di cottura) e frullarle brevemente. Incorporare la ricotta, il parmigiano e l'olio mescolando bene. Se serve, aggiungere un po' d'acqua di cottura. Servire tiepida.

la ricotta

È ottima per mantecare la pappa e darle quel tocco di cremosità dolciastra che può fare la differenza. Le prime volte ho usato la ricotta vaccina, dal sapore più neutro, in seguito ho utilizzato anche quelle di capra e di pecora, decisamente più saporite. Anche qui ribadisco l'importanza delle risorse locali: una ricotta fresca artigianale, del pastore, non ha davvero nulla a che vedere con la versione industriale.

I ♥ verdure

5 porzioni al giorno

Ecco quanto ci consiglia di consumare quotidianamente il Ministero della Salute, e poiché le buone abitudini si acquisiscono da piccoli, tanto vale cominciare da subito (e approfittarne per rivedere un po' le proprie abitudini alimentari, anche perché i bambini imparano per imitazione: se vi vedranno mangiare frutta e verdura in modo felice e sereno faranno lo stesso anche loro). Del resto non è davvero difficile offrire al neonato ogni giorno una buona dose di frutta e verdura: basta per esempio adottare la crema di verdure come base alla quale aggiungere farina, carne e formaggio, e preferire le composte di frutta fresca ai prodotti industriali che si trovano in commercio.

verdure off limits?

Frequentando assiduamente il mercato si scopre che d'inverno molte verdure scompaiono e lasciano il posto a una ricca varietà di cavoli. Magari non li darete al bambino nelle primissime settimane dello svezzamento, ma in seguito sarebbe un peccato escluderli a priori: i cavoli sono saporiti, così come lo sono i carciofi e gli asparagi. Basta introdurli in piccole percentuali, e "tagliarli" con sapori più blandi: vedrete che i piccolini saranno in grado di apprezzare.

I ♥ verdure

I formaggi freschi bio non mancano mai nel mio frigo. Sono anche un ottimo salva-cena per adulti esauriti, essendo in grado di mantecare un risotto o arricchire un panino.

crema di carote e formaggio fresco

2 carote, 1/2 patata, 1 pezzettino di parte bianca di porro (1 cm), 1 rametto di timo fresco, 1 cucchiaio di semolino per bebè, 20 g di formaggio fresco

Sbucciare le carote e la patata e affettarle, così come il pezzetto di porro. Sistemare le verdure in un pentolino coprendole a filo d'acqua acqua, aggiungere il timo e cuocere a fuoco medio per 15 minuti. A cottura ultimata, eliminare il timo, scolare le verdure (conservando la loro acqua di cottura) e frullarle, aggiungendo acqua di cottura quanto basta per ottenere una crema liscia e omogenea. Infine, prelevare una porzione di crema di carota (quella che avanza si può congelare), aggiungere il semolino e il formaggio, mescolando bene. Servire tiepida.

variazioni sul tema

Se siete in vena di audacia in cucina o semplicemente avete la fortuna di avere sotto casa un mercato ben fornito, potete provare la stessa ricetta anche con pastinaca, sedano rapa o topinambur. Sono tutti e tre ortaggi dolciastri (e quindi possono piacere ai bimbi) e con un sapore un po' fuori dal comune, ottimi come esperimento per diversificare felicemente.

il formaggio

formaggino a me?

Fra le poche cose che detesto c'è il formaggio fuso e ricomposto, ovvero i formaggini e le fettine a lunga conservazione, e in linea di massima tutto ciò che è pressoché inidentificabile.

Certo, nella dispensa potete anche tenere un prodotto industriale per i casi d'emergenza ma ricordatevi che esistono molti formaggi "veri" perfetti per le pappe dei bimbi. Pensate alla ricotta, alla giuncata, al primosale, alla robiola, ai caprini. Tra i formaggi freschi c'è solo l'imbarazzo della scelta.

grasso è meglio

Così come si preferirà il latte intero se e quando lo darete, i formaggi e gli yogurt sono da scegliere interi e mai light o alleggeriti, perché ai bambini servono i grassi per la crescita. Ricordate che anche se ancora non date al bebè latte di mucca, esso è un ottimo alleato in cucina, utilissimo per diluire o rendere più soffici e cremose le pappe di verdura.

parmigiano a gogo

Per tutto il periodo dello svezzamento – e ben oltre – ho usato e abusato del parmigiano reggiano.
È ottimo per insaporire le pappe e anche quando si tratterà di preparare frittate o polpette sarà sempre lui che, in mancanza del sale, riuscirà a dare ai cibi un gusto saporito e invitante. Il parmigiano è anche una buona fonte di proteine, vitamine e minerali. Io lo preferisco bio e stagionato 30 mesi.

crema di cavolfiore con pollo e dragoncello

4-5 cimette di cavolfiore, 10 g di scalogno, 1/2 patata piccola, 1/2 rametto di dragoncello, 30 g di carne di pollo cotto al vapore, 2 cucchiai di latte intero, 1 cucchiaio di multicereali in fiocchi per bebè, 1 cucchiaino d'olio extravergine d'oliva

Tritare grossolanamente il cavolfiore e lo scalogno, tagliare a pezzettini la patata sbucciata. Sistemare il tutto in un pentolino, coprire con poca acqua, aggiungere il dragoncello e lasciar cuocere per 10 minuti. A cottura ultimata, scolare le verdure, eliminare il dragoncello, aggiungere la carne di pollo e frullare brevemente il tutto insieme al latte. Aggiungere infine i fiocchi multicereali e l'olio, mescolando bene fino a ottenere una crema della giusta consistenza. Servire tiepida.

zuppa di cavolfiore e pollo per adulti

Far imbiondire in 1 cucchiaio di burro 2 scalogni tritati, poi aggiungere le foglioline di 3 rametti di dragoncello e 1 cavolfiore tagliato a cimette facendolo insaporire. Coprire, poi, con brodo e 1 bicchiere di latte. Cuocere a fuoco medio per 15 minuti. Frullare la zuppa e rimetterla sul fuoco aggiungendo 1 petto di pollo crudo tagliato a striscioline sottili e lasciar sobbollire per 5 minuti. Salare, pepare e servire.

quali utensili usare?

È la prima domanda che si pongono le neomamme in odore di svezzamento.

In sostanza sono tre: il primo e più pubblicizzato è il cuocipappa, che cuoce e omogeneizza ma costa un patrimonio e verrà utilizzato solo per pochi mesi. Poi ci sono due candidati più seri

all'adozione – a vita – nella vostra cucina: il passaverdura e il blender (o il minipimer).

il passaverdure

Questo utilissimo strumento ha l'interessante vantaggio di avere dischi intercambiabili, vale a dire che durante i primi mesi potrete scegliere quello con i buchi più piccoli, e poi man mano presentare al bebè pappe un po' meno omogeneizzate per prepararlo a cibi più consistenti. Il passaverdura è apprezzabile anche perché elimina bucce e fibre.

il blender e il minipimer

Funzionano entrambi secondo lo stesso principio (una piccola lama a elica). Il primo ha il bicchiere mentre il secondo si usa a immersione. Sono compagni preziosi e molto utili in cucina non solo per le pappe, che omogeneizzano perfettamente, ma anche per tutto il resto: salse, emulsioni, pesto, zuppe da trasformare in vellutatissime creme, frullati e milkshake... Personalmente non saprei davvero vivere senza.

*Fra le prime carni bianche che si possono
dare ai bimbi il coniglio è un'ottima risorsa:
sceglietelo bio, o quantomeno di fattoria,
e preferitelo giovane, in modo che abbia
un sapore delicato.*

crema di carote
con coniglio e scalogno

2 carote, 1/2 patata, 10 g di scalogno, 30 g di carne di coniglio, 1 cucchiaio di
semolino per bebè, 1 cucchiaino di parmigiano grattugiato, 1 cucchiaino d'olio
extravergine d'oliva

Sbucciare le carote e la patata e tagliarle a pezzettini, aggiungere
lo scalogno e far cuocere, insieme alla carne se non è già cotta
(cfr. *Come conservarla?*, p. 37), a vapore per 15 minuti o quando
tutto è diventato molto morbido. Frullare le verdure insieme alla carne e aggiungere un filo di acqua calda per regolare la densità della
pappa. Aggiungere infine il semolino, il parmigiano e l'olio, mescolando bene fino a ottenere una crema liscia della giusta consistenza.
Servire tiepida.

chi ha paura della cipolla?

Io no. E siccome evito tutt'ora di salare molto ciò che cucino per mia
figlia (e per noi), cerco di preparare piatti quantomeno saporiti e non
troppo monotoni. Da questo punto di vista la cipolla e i suoi cugini
sono molto utili e regalano una marcia in più al cibo. Via libera quindi,
nelle pappe, a pezzettini microscopici di cipolla, cipollotto o scalogno
per guadagnare sfumature di gusto.

la carne

quale carne?

Poco dopo l'inizio dello svezzamento si introducono le carni bianche (pollo, coniglio e tacchino; è meglio evitare il vitello perché soggetto a trattamenti ormonali). Riguardo ai volatili, è bene usare petto e coscia, che contengono una maggiore concentrazione di ferro. Individuate un venditore di fiducia che vi fornisca carni allevate nelle migliori condizioni possibili (di nuovo, considerate il biologico). Sono più sane e più saporite rispetto ai prodotti della grande distribuzione.

piacere, pollo in polvere...

Per la scelta della carne, le possibilità sono sostanzialmente tre: la carne fresca, il barattolino omogeneizzato (bio o non), e la polvere liofilizzata. Onestamente, gli ultimi due hanno un sapore non proprio convincente (e i bebè non sono privi del senso del gusto).

La prima opzione, che sembra la più faticosa anche se in realtà è solo questione di organizzazione, è di gran lunga la migliore: in questo modo controllate cosa date da mangiare al vostro bambino e risparmiate pure. Il liofilizzato è tuttavia un'ottima soluzione per gli astronauti, nonché per preparare i biscottini fatti in casa da dare al vostro cane.

MANZO

AIALE

CONIGLIO

come conservarla?

Se comperate la carne direttamente dall'allevatore, dovrete acquistare almeno mezzo pollo o coniglio per volta. Per la pappa ne servono circa 30 g, quindi preparatevi a congelare. Io mi organizzo cuocendo tutta la carne al vapore (per 30 minuti circa, quando è diventata tenera), poi la disosso, la divido in singole porzioni e la congelo. In questo modo posso variare le carni a piacere, e con l'animo in pace.

Io amo il chilometro zero, ma ogni tanto qualche sgarro
lo faccio, confesso. Se non volete usare il mango,
potete sostituirlo con 5 susine rosse
o 4 piccole pere coscia mature.

composta di pesche, mango e albicocche

2 pesche mature, 1 mango maturo, 5 albicocche secche, 1 cucchiaio di farina di riso per bebè

Sbucciare le pesche e il mango, prelevare la polpa e tagliarla a dadini. Tagliare le albicocche secche a pezzettini. Mettere tutta la frutta in un pentolino e lasciarla cuocere a fuoco basso, con il coperchio, per una decina di minuti. Se la frutta è sufficientemente matura rilascerà l'acqua che serve alla cottura, altrimenti aggiungere 2 cucchiai di succo di mela bio. A fine cottura, frullare la frutta insieme alla farina di riso, dividere in vasetti da consumare o congelare. Dose per 4 porzioni.

dolce ricetta per mamme esaurite

Tanta voglia di un dolcetto ma il frigo fa l'eco? Scongelate la composta di pesche, servitela nei bicchierini alternandola a savoiardi sbriciolati, cioccolato bianco grattugiato e scagliette di mandorle tostate, decorate con 1 cucchiaio di meringa (100 g di zucchero + 50 g di albume montati insieme) sbriciolata e fate dorare sotto al grill. Il dessert per soli adulti è servito!

frutta golosa

Per una merenda più sostanziosa, aggiungete a una porzione di composta un generosa cucchiaiata di yogurt intero e un biscotto per l'infanzia sbriciolato.

composta di prugne

6 prugne fresche, 2 piccole mele, 2 piccole pere, 1 punta di cannella in polvere, 1 cucchiaio di farina di riso per bebè

Lavare le prugne, sbucciare le mele e le pere e tagliare tutta la frutta a pezzetti. Sistemarla in un pentolino a fondo spesso, aggiungere la cannella e far cuocere il tutto a fuoco basso, con il coperchio. Quando la frutta sarà morbida, spegnere. Se la composta serve per un bimbo alle prese con le primissime pappe, passare la frutta al setaccio in modo da eliminare tutte le bucce, oppure frullarla con il minipimer. Aggiungere la farina di riso e frullare di nuovo tutto in modo da amalgamarla bene. Dividere in porzioni da 120 g e conservare.

l'abc della composta

Questa composta si può replicare con la frutta di stagione che volete, la base di pere e mele si presta a molti abbinamenti. Potete scegliere di non aggiungere la farina di riso, che uso qui come addensante e anche come integratore alimentare. Per conservare e congelare la composta di frutta adopero barattolini di vetro riciclati, che lascio poi scongelare in frigo.

al mercato

0,99€ kg

ecologico & economico

Fare la spesa al mercato sotto casa, o direttamente dal contadino, è il miglior modo per acquistare in modo consapevole e per spendere il giusto (oltre che per sostenere l'agricoltura). Soprattutto, garantirete a voi e ai vostri bimbi una dieta più salutare e una vera educazione al gusto (perché tanto le zucchine a gennaio non sanno di niente).

io mangio bio

L'arrivo di un figlio è per molti il momento di una svolta verso il consumo di alimenti prodotti con metodi biologici. Il bio, al di là del mero bollino verde, è un metodo agricolo a basso impatto ambientale che preserva l'ecosistema, escludendo concimi chimici, pesticidi e OGM. Consumare bio non è, quindi, soltanto una questione modaiola, ma anche un atto consapevole che mira al rispetto dell'ambiente e dei suoi ritmi naturali. E oltre al fatto che quasi sempre ciò che è bio ha un sapore più pieno e soddisfacente, consumare bio è anche, fin da subito, un modo per sensibilizzare e educare i propri figli a uno stile di vita sano e rispettoso.

brutto è bello

Le mele sono un po' ammaccate, non tutte perfettamente tonde e lustre? Le carote non hanno tutte le stesse dimensioni, sono bitorzolute e magari pure sporche di terra? Il cavolfiore non è di un bianco latteo immacolato? Meglio! Se non sembrano fatti con lo stampino è molto probabile che siano poco trattati chimicamente (e più genuini).

un frutto dimenticato

*Forse perché non si consumano crude,
le mele cotogne sono state soppiantate
da altre varietà di mele.
Eppure il loro profumo è incredibile e
vale davvero la pena di acquistarle e cucinarle.*

composta di mele cotogne e pere alla vaniglia

1 mela cotogna, 1 pera matura, 1 punta di semini di vaniglia

Sbucciare le mela cotogna e la pera, poi tagliarle a pezzettini. Con un coltellino affilato aprire a metà per il lungo un baccello di vaniglia, prelevare una punta di semini e aggiungerla alla frutta. Mettere la frutta in un pentolino, aggiungere 3 cucchiai di acqua e far cuocere il tutto a fuoco medio-basso per circa 20 minuti o quando la frutta è diventata molto morbida. Spegnere e frullare il tutto. La composta deve risultare bella densa. Dose per 2/3 porzioni.

l'irresistibile sciogievolezza della mela cotogna

Se le provate, vedrete che con le mele cotogne si ottiene una composta meravigliosa e profumata, morbida e densa insieme. Potete sostituire le pere con altra frutta e variare le spezie. Se poi le mele cotogne avanzano, tagliatele a metà e fatele cuocere in uno sciroppo speziato. Poi scolatele e gratinatele in forno con una goccia di miele. Otterrete un dessert per adulti divino.

*Per me Natale è innanzitutto il profumo
avvolgente, dolce e speziato del vin brulé
e dello strudel. Perché non condividerlo
con il vostro piccolino?*

composta di mele, pere, arance e cannella

1 mela matura, 1 pera matura, 1 arancia, 1 puntina di cannella in polvere, 2 datteri secchi

Sbucciare la mela e la pera e tagliarle a pezzetti. Sistemare la frutta in un pentolino, spremere mezza arancia e aggiungere 4 cucchiai del suo succo, unire la cannella e infine i datteri tagliati a pezzettini. Mescolare bene e porre sul fuoco. Lasciar cuocere per circa 20 minuti a fuoco medio-basso o fin quando la frutta è diventata molto morbida. Spegnere e frullare il tutto. Dose per 2 porzioni.

mele e crema?

Avendo adottato una dieta di pappe a base di crema di verdure, usavo meno farine rispetto a chi usa il brodo. Per compensare un pochino questo minore apporto di carboidrati, inserivo un po' di cereali anche nelle composte di frutta, il che fra l'altro tende a dar loro una bella densità. Quale tipo di carboidrati usare è a vostra discrezione (la farina di riso è un'ottima scelta, così come il miglio e il semolino).

conservare le pappe

il segreto è organizzarsi

Troverete sempre chi vi dirà che prepara pappe fresche a ogni pasto, ma in realtà ben poche mamme ne hanno il tempo. Io non faccio parte di questo club, quindi, al rientro dal mercato, preparo le verdure abbinandole fra loro a seconda della voglia del momento, poi congelo i miei "frullati di verdure" in porzioni da 140 ml. Basterà scongelarli, riscaldarli, aggiungere formaggio, farina, olio ed eventualmente pesce o carne e... la pappa è servita!

i contenitori

Spesso c'è la tendenza a demonizzare la plastica, ma ultimamente si trovano ottimi contenitori senza componenti cancerogeni e facili da impilare: servono per la conservazione del latte materno ma vanno bene anche per le pappe. State però attenti a non riscaldare mai il cibo nel contenitore di plastica. Un'ottima alternativa, e anche più economica, è quella di usare barattoli di vetro riciclati e sterilizzati.

prêt-à-manger

Se pranziamo fuori, porto la pappa in un vasetto di vetro a chiusura ermetica. Basterà chiedere, una volta al ristorante, di riscaldarla a bagnomaria, et voilà!

congelare/riscaldare

Per congelare e riscaldare le pappe perdendo solo un minimo di elementi nutritivi la cosa migliore è usare l'abbattitore di temperatura: grande quanto un microonde (anzi, ambisce proprio a sostituire quest'ultimo), porta il cibo dallo stato congelato a temperatura ambiente o calda e viceversa in tempi davvero minimi. In alternativa, per riscaldare, è comunque preferibile il bagnomaria al microonde.

piccoli gourmet crescono
da 8 a 12 mesi

diversificare mangiando

Con la seconda fase dello svezzamento inizia il divertimento. Anche se l'ha fatto in precedenza, adesso il vostro piccolino non dovrebbe più sputare o buttare il cibo in giro (se invece lo facesse ancora, senza arrabbiarvi fategli capire che non va bene e fategli finire il pasto): ormai si sta abituando a nuovi gusti e consistenze – forse inizierà persino a rifiutare le pappine omogeneizzate – scoprendo anche il piacere dei sapori oltre a quello della sazietà. A questo punto probabilmente avrà già uno o più dentini, cosa che dovrebbe rendere l'attività mangereccia più semplice; infatti sgranocchiare qualcosa – un biscotto, per esempio – può essere un ottimo espediente durante il periodo della dentizione.

Potete introdurre gradualmente alimenti nuovi – uno alla volta e magari unendolo a cibi già noti – e diversificare sapori e consistenze divertendovi a inventare pappine stimolanti con tutti gli ingredienti che avete a disposizione. Potete persino pensare di cucinare qualche dolcetto (alleggerito) da condividere o un'unica cena che, con qualche piccola modifica, possa essere mangiata da tutti. Insomma, questa è l'inizio di una nuova vita – collettiva – a tavola. Ovviamente, ogni bambino ha la sua personalità e il suo carattere, qualcuno è più curioso o di buon appetito di altri, ciascuno elabora le proprie preferenze e predilezioni in fatto di cibo. Sta a voi capire quali sono e assecondarle, ma allo stesso tempo non trascurate di proporre sempre ciò che piace meno (a questa età, infatti, è molto facile che preferenze e interessi cambino da una settimana all'altra, e sarebbe un peccato andare avanti solo a carote e formaggino se fin qui vostro figlio ha mostrato interesse solo per quelli). Infine, divertitevi: anche a questo stadio il cibo può essere un apprendimento giocoso, e la spensieratezza a tavola è contagiosa...

un cibo nutriente

*D'ispirazione indiana, questo stufatino è ottimo
nella versione delicata e senza sale.
Volendo, potete aggiungere un pizzico
di curry o, per renderlo ancora più cremoso,
un cucchiaio di yogurt.*

stufatino di zucca e lenticchie rosse

200 g di polpa di zucca (butternut), 1 piccola patata, 1 piccola mela, 1 cipollotto, 5 pomodorini, 100 g di lenticchie rosse, 1 cucchiaino d'olio extravergine d'oliva

Tagliare la zucca a pezzetti, sbucciare la patata e la mela e tagliarle a tocchetti; affettare il cipollotto e tagliare a metà i pomodorini. Sistemare tutte le verdure e le lenticchie in un pentolino, coprire con acqua e far cuocere a fuoco medio per 20 minuti. Passare lo stufatino, prelevarne una porzione, condire con l'olio e servire. Dose per 4 porzioni.

rosso come una lenticchia

In questa seconda fase dello svezzamento si introducono solitamente i legumi e, come dice un vecchio detto delle mie parti, "se hai i legumi, hai la cena". Versatili, nutrienti, ricchi di ferro e di proteine, sono il miglior amico della dieta equilibrata. Le lenticchie rosse, poi, in questa fase dello svezzamento sono perfette perché si disfano in cottura e rendono le pappe molto cremose.

*Ecco una pappa cromaticamente gioiosa
e allettante che ripropone il classicissimo
abbinamento prosciutto e piselli.*

purè di piselli, prosciutto e barbabietole

1 barbabietola, 1 patata, brodo di verdura senza sale, 100 g di piselli, 1 cucchiaino di parmigiano grattugiato, 1 cucchiaino di crema di semolino, 40 g di prosciutto cotto, 2 cucchiai di latte

Sbucciare la barbabietola e la patata e tagliarle a pezzetti; sistemarle in un pentolino, coprire con il brodo e lasciar cuocere per 15 minuti. Nel frattempo lessare i piselli con poca acqua per 8 minuti. Frullare le verdure separatamente con quel che basta della loro acqua di cottura per ottenere dei purè cremosi. Aggiungere il parmigiano e la crema di semolino ai piselli. Infine frullare il prosciutto cotto insieme al latte. Alternare le tre creme così ottenute in un vasetto.

il prosciutto cotto

Quel che conta, nell'acquisto del prosciutto cotto a uso dei bambini, è che sia senza polifosfati aggiunti e senza conservanti. Ciò detto, se volete comperare un prosciutto cotto che abbia il sapore di quello della vostra infanzia, lasciate stare i banchi dei supermercati e cercate una versione artigianale. Una volta che l'avrete trovato non tornerete più indietro.

arriva la primavera
*E allora non resisto alle scorpacciate
di piselli dolcissimi, fave croccanti
e tenere zucchine romanesche.
Quindi perché non condividere
la passione per le primizie?*

purè di primizie mimosa

1 uovo bio, 30 g di fave fresche sgranate, 30 g di piselli freschi sgranati, 1 asparago, 1 zucchina romanesca, 30 g di ricotta fresca di pecora, 1 fogliolina di basilico, 1 cucchiaino d'olio extravergine d'oliva

Sistemare l'uovo col guscio in un pentolino di acqua bollente, lasciar cuocere per 10 minuti, poi scolare e passare sotto l'acqua fredda. Sbollentare le fave e i piselli in acqua bollente per 2 minuti. Scolare e passare sotto l'acqua fredda. Eliminare le pellicine delle fave. Far cuocere l'asparago e la zucchina in acqua bollente per 5 minuti o finché non sono diventati teneri. Frullare tutte le verdure con la ricotta e il basilico (per una pappa di consistenza maggiore potete schiacciare il tutto con la forchetta). Condire con l'olio, e sbriciolare il tuorlo sodo sulla pappa prima di servirla.

primizie show

La stagione delle primizie non va assolutamente persa: piselli, fave, asparagi e carciofi non sono mai tanto buoni quanto in quelle poche settimane di esplosione primaverile. I mercati diventano uno spettacolo di verdi tenerissimi e un delicato profumo di linfa vegetale pervade ogni cosa. E poi le manine dei bimbi amano giocare con i baccelli croccanti che racchiudono verdi perline...

prima la gallina poi l'uovo

Poiché l'uovo non solo
è un alimento sano e di grande
valore nutritivo ma anche una
fonte di allergeni, i pediatri
consigliano, in linea di massima,
di iniziare a introdurre il solo
tuorlo da 8 o 10 mesi compiuti
e di aspettare fino all'anno
prima di dare anche l'albume.
Consultatevi in ogni caso
con il vostro pediatra di fiducia
prima di intraprendere qualsiasi
tipo di inserimento.

quali scegliere?

Come nell'alimentazione per adulti,
se si vuole acquistare un prodotto più
sano e anche migliore dal punto di vista
del gusto sono da preferire le uova
di galline allevate a terra (e non in batteria),
nutrite con un'alimentazione biologica
tracciabile (e non con oscuri mangimi
industriali) e comperate dal contadino
o nei mercati per la vendita diretta
delle produzioni locali.

Per testare la freschezza dell'uovo
è sempre valido il trucco della nonna:
immerso in una ciotola d'acqua
se è freschissimo rimane adagiato
sul fondo, se sta in piedi
sul fondo ha circa 2 giorni,
se galleggia è vecchio.

cucinare le uova per il bebè

Ai neonati si dà solitamente l'uovo preparato nei seguenti modi:
sodo (cotto col guscio in acqua bollente per 10 minuti; poi si
preleva il tuorlo e lo si sbriciola nella pappa); alla coque (cotto
col guscio in acqua bollente per 3 minuti) o in camicia (5 minuti
in acqua bollente). In questi due ultimi casi il tuorlo rimane cremoso, si preleva e si mescola alla pappa. Più avanti si può anche
servire con dei pezzetti di pane da intingere.

Questo è un risotto senza soffritto, senza vino né tantomeno burro, perfettamente adatto alle esigenze dei piccolini: la mia bimba ama molto questo piatto.

risotto baby con la zucca

70 g di polpa di zucca, 10 g di cipolla rossa, 40 g di riso Carnaroli, brodo di verdura senza sale, 1 rametto di timo fresco, 1 cucchiaino di parmigiano grattugiato, 1 cucchiaino d'olio extravergine d'oliva

Grattugiare la polpa di zucca e la cipolla. Far tostare il riso a secco in un pentolino e, quando è molto caldo, versare un mestolino di brodo bollente, aggiungendo poi il timo e le verdure grattugiate. Portare a cottura mescolando sempre e aggiungendo altro brodo poco per volta. A fine cottura, scartare il timo, mantecare con il parmigiano e l'olio. Lasciar riposare per 1-2 minuti, poi servire tiepido.

qualche idea per variare

Si può sostituire il timo con due foglioline di salvia o un rametto di aneto; si può sostituire metà della zucca con carota o sedano rapa grattugiati, o tutta la zucca con zucchina o bieta da costa tritata finemente. Infine, per mantecare si possono usare il formaggio fresco o, per piccoli mangiatori rodati, mozzarella, formaggio di capra stagionato o provolone dolce.

insaporire con le erbe aromatiche

la pappa alle erbe

Mentre sperimentavo a casa, ho iniziato a informarmi su come si cucina per i bambini in età di svezzamento. Ho incontrato diverse mamme convinte che la questione del gusto, per i neonati, non si pone. Io ero e sono profondamente convinta del contrario: i bimbi sono sensibili ai sapori ed è giusto cercare di dar loro cibi buoni, piacevoli e stimolanti. Le erbe aromatiche in questo sono molto utili. Certo, non serve usarle nelle primissime pappe, che devono essere leggere e delicate, ma più avanti diventano

utilissime per dare piccole sfumature di gusto e accenni di profondità alle preparazioni. Con le erbe aromatiche si entra in un'altra dimensione del sapore e – chissà? – magari lo svezzamento è proprio il pretesto che aspettavate per piantare finalmente l'aneto e la salvia sul balcone.

quali usare?

Le erbe fresche hanno un sapore più delicato di quelle essiccate e non essendo tritate non rimangono nel cibo. Aggiungo un rametto o qualche fogliolina durante la cottura, poi li elimino in modo che ne rimanga solo un aroma sottile. Nelle pappe uso spesso il timo e l'erba cipollina, il basilico, l'aneto – che dà un tocco "burroso" molto piacevole – e, in quantità più modeste, la salvia, il rosmarino e la menta.

coltivazione fai da te

Nei vivai ben forniti si trovano le varietà più impensabili di erbe che non richiedono grandi cure. Basta una buona dose di luce e di acqua, e ricordarsi di tagliare sempre i rametti alla base e non solo la cimetta che consumerete.

orzotto con verdurine colorate

1/2 peperone giallo, 1/2 peperone rosso, 1 zucchina, 1 cipollotto, 100 g di orzo perlato, 40 g di formaggio fresco, 1 cucchiaio di parmigiano grattugiato, 1 cucchiaio d'olio extravergine d'oliva

Lavare le verdure e tagliarle a dadini. Versare l'orzo in un pentolino, coprire con acqua e portare a ebollizione. Lasciar cuocere per 15 minuti, aggiungendo se serve un po' d'acqua ogni tanto. Passato questo tempo aggiungere le verdure, mescolare bene e lasciar cuocere piano per altri 15 minuti o finché l'orzo e le verdurine sono diventati teneri. Spegnere il fuoco e mantecare con il formaggio fresco, il parmigiano e l'olio. Nella versione invernale le verdure si possono sostituire con porro, zucca e patata. Dose per 1 adulto e 1 bambino.

orzo, farro, riso & co.

Mia figlia ha mostrato molto presto di apprezzare l'orzo, che è subito diventato una valida alternativa ad altre fonti di carboidrati, e anche un ottimo veicolo per far arrivare, nel suo pancino, una buona dose di verdure. Da non trascurare anche gli altri cereali: riso, farro perlato o persino quinoa o bulghur sono ottimi per variare la consistenza e il sapore della pappa.

pastina al pomodoro

10 pomodorini maturi (ciliegini o datterini) circa, 2 foglioline di basilico, 30 g di pastina, 1 cucchiaino di parmigiano grattugiato, 1 cucchiaino d'olio extravergine d'oliva

Spaccare i pomodorini con le mani (è importante che siano veramente maturi e quindi un po' dolci; questa non è una ricetta da fare d'inverno), schiacciarli un poco con la forchetta e metterli in un pentolino. Aggiungere 3 cucchiai d'acqua, il basilico spezzettato e lasciar cuocere a fiamma medio-bassa per 20 minuti circa. Passare poi al colino in modo da eliminare tutti i semi e le bucce e tenere da parte (se risulta troppo lenta fatela cuocere a fiamma viva per pochi minuti). Cuocere la pastina, scolarla e aggiungere la passata di pomodorini, il parmigiano e l'olio. Mescolare bene e servire tiepida.

introduzione al pomodoro

La pasta al pomodoro è un classico della cucina per l'infanzia (e del resto piace a tutti) eppure, data l'acidità talvolta spiccata di questi ortaggi, i primi assaggi non sempre sono felici. Questa versione, decisamente delicata e dolce se realizzata con ciliegini o datterini maturi, è un ottimo preambolo alla cucina italiana, che ha nel pomodoro uno dei suoi principali protagonisti...

la pasta

pasta pasta pasta!!!

La pasta è l'emblema della cucina italiana ed è quindi abbastanza normale che la sua introduzione venga considerata come il primo passo verso il cibo dei grandi, un ulteriore e importante traguardo nella vita del bebè.

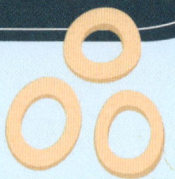

La pasta è anche fonte di carboidrati e in quanto tale andrà a sostituire, dal punto di vista nutrizionale, le farine per neonati, aggiungendo consistenza alla pappa.

scegliere il formato

Dato che solitamente la pastina è il primo "cibo solido" inserito nella dieta del neonato, meglio iniziare con un formato molto piccolo, come le tempestine e i risini. Subito dopo arriveranno le stelline, le letterine e gli anellini, poi i ditalini, le lumachine ecc. È possibile che i primi tempi le stelline vadano a ricoprire il tavolo, ma vedrete che via via i formati aumenteranno velocemente, fino ad arrivare alla pasta per adulti (magari tagliata a pezzettini)...

quale pastina?

Quando si parla di pastina per la prima infanzia quasi tutti i marchi assicurano coltivazioni di grano in campi incontaminati e via dicendo. Ancora una volta consiglio caldamente i prodotti biologici, questo perché i certificati valgono più delle parole in libertà. Oltre a variare il formato della pastina, potrete anche scegliere di usare quella integrale, ma anche di kamut o farro (la pasta di farro integrale, fra l'altro, ha un sapore quasi di castagne che a mia figlia piaceva moltissimo). Lo stesso discorso vale per la pasta per adulti. In questa fase è meglio evitare quella all'uovo, dato che al momento si può dare al bambino il solo tuorlo.

adoro le pastine risottate
*Le adoro al punto che certe volte, se proprio
non ho tempo, le faccio persino per me.
Provatela con pere, salvia e pecorino:
è una coccola in ciotola quasi istantanea.*

pastina risottata con merluzzo e spinacini

70 g di filetto di merluzzo, 4 cucchiai di latte, 1 spicchio d'aglio in camicia, 20 g di spinacini, 30 g di pastina, 1 bicchiere di brodo di verdura senza sale, 1 cucchiaino d'olio extravergine d'oliva

Sistemare il pesce con il latte e l'aglio in un pentolino. Portare a ebollizione, poi abbassare la fiamma a fuoco medio, aggiungere gli spinacini finemente tritati, la pastina e un po' di brodo. Lasciar cuocere, sempre a fuoco medio, aggiungendo brodo quando serve, fino a quando la pastina è cotta. Eliminare l'aglio, aggiungere l'olio, mescolare bene e lasciar riposare per qualche minuto. Servire tiepida.

versione per adulti

È meno dispendioso e dispersivo, quindi perché non preparare la cena per adulti con gli stessi ingredienti usati per la pappa? Fate cuocere il filetto di merluzzo in cartoccio, al forno, con un goccio di vino bianco, due fettine di limone e un rametto di timo, servite con gli spinacini saltati con aglio, olio, pinoli e uvetta (e, se volete, servite su un letto di pastina al burro...).

se una sera d'inverno...

Come resistere a una insana voglia
di pizzoccheri pieni di burro e formaggio?
Ne ho fatto anche una versione
leggera per mia figlia,
che ha apprezzato moltissimo.

baby pizzoccheri

1 piccola patata, 3 foglie di verza fra quelle interne e più tenere, 30 g di pizzoccheri, 1 spicchio d'aglio, 1 cucchiaino di parmigiano grattugiato, 1 cucchiaino d'olio extravergine d'oliva, sale

In una pentola portare a ebollizione l'acqua con un pizzico di sale. Sbucciare la patata e tagliarla a dadini, tagliare la verza a striscioline. Buttare la pasta insieme alla patata e alla verza, aggiungere lo spicchio d'aglio e cuocere per circa 12 minuti (o per il tempo di cottura indicato sulla confezione della pasta). Scolare, eliminare l'aglio, poi sistemare il tutto in una ciotola, aggiungere il parmigiano e l'olio e mescolare energicamente. Tagliare la pasta a pezzetti in modo da ottenere dei quadratini. Servire tiepidi.

naturalmente senza glutine

La farina di grano saraceno, contenuta nei pizzoccheri, è un'ottima alleata dei celiaci, anche se in realtà tutti dovrebbero rivalutarla: è perfetta nelle torte (potete sostituire metà della farina 00 con quella di grano saraceno per un effetto un po' più grezzo e rustico) o nelle crespelle bretoni (farina di grano saraceno diluita con un uovo e acqua) da condire in versione salata.

un classico
della tradizione italiana
*Un piatto così rustico, così italiano
e così perfettamente equilibrato
(nonché "alternativo" alle proteine animali)
che vale davvero la pena di proporlo
al bambino fin dalla primissima infanzia.*

pastina e ceci

100 g di ceci ammollati, 1 rametto di rosmarino, 1 spicchio d'aglio in camicia, 3 cucchiai di pastina, olio extravergine d'oliva

Far cuocere i ceci in abbondante acqua insieme a rosmarino e aglio fino a quando sono teneri (ci vogliono circa 2 ore; solitamente ne preparo una quantità maggiore, che poi utilizzo per preparare un piatto anche per gli adulti). Quando i ceci sono pronti, scolarli tenendo da parte l'acqua di cottura ed eliminando il rosmarino e l'aglio, e passarli al passaverdura (in questo modo si eliminano anche le bucce, che contengono cellulosa e che possono provocare disagi intestinali nei bambini piccoli). Allungare la crema ottenuta con l'acqua di cottura in modo che sia piuttosto lenta, poi versarla in un pentolino e portarla a ebollizione a fuoco medio. Unire la pastina e lasciarla sobbollire nella crema di ceci. Se il tutto si addensa troppo aggiungere altra acqua di cottura dei ceci. Servire tiepida con un goccio d'olio.

al passo con l'età

Questo piatto cresce con i bimbi: dopo la pastina microscopica in una passata di ceci insapore, si potranno usare i ditalini e, man mano, una pasta di formato più grande in una passata un po' più saporita. Fino ad arrivare alla versione originale con un leggero soffritto di odori e metà dei ceci ridotti in crema, che è quella che cucino per gli adulti (a volte l'arricchisco anche con una bella manciata di vongole...).

Io voglio anch'io!
È successo così, semplicemente:
un giorno mia figlia mi ha visto
mangiare le jacket potato
– che amo moltissimo – e le ha volute
assaggiare. Questa che propongo è
una versione nutrizionalmente responsabile.

patate al forno farcite di lenticchie

4 patate medie, 100 g di lenticchie, 1/2 cipollotto, 1 cucchiaio di parmigiano grattugiato, 2 cucchiai di scamorza grattugiata grossolanamente, 1-2 cucchiai di latte, olio extravergine d'oliva, sale grosso

Lavare per bene le patate senza sbucciarle. Con le mani, ungerle con poco olio, condirle con 1 cucchiaino di sale grosso e infornare a 220 °C per circa 45 minuti. Nel frattempo cuocere le lenticchie in abbondante acqua non salata. Sfornare le patate, tagliarle a metà e svuotarle della loro polpa. Trasferire quest'ultima in una ciotola, aggiungere le lenticchie scolate, il cipollotto tritato finemente, il parmigiano, la scamorza, il latte e un goccio d'olio. Mescolare bene e riempire le mezze patate con questo purè. Ripassare al forno per 5 minuti, lasciar intiepidire e servire. Gli adulti potranno mangiare anche la buccia, i bimbi si accontenteranno volentieri del ripieno. Dose per 4 patate ripiene.

patata superstar

La patata è un'irrinunciabile alleata nella dieta dei piccoli. La utilizzo spessissimo nella pappa perché l'addolcisce e l'addensa ed essendo gradevole e trasformista si presta a moltissime ricette che piacciono ai bambini. Per questi usi preferisco la varietà a pasta bianca. Se invece preferite non usare la patata, sostituitela con 1 o 2 cucchiai di crema di cereali.

superlegumi

più legumi per tutti

Sono in aumento le fonti autorevoli che attirano
l'attenzione sulla necessità di un cambiamento globale
dell'alimentazione: siamo sempre più numerosi
sul pianeta e servirà quindi sempre più cibo, da coltivare
però in spazi limitati. I legumi sono pertanto in prima fila
fra gli alimenti da rivalutare: sono un'ottima fonte
di proteine e costano molto meno, in termini di sostenibilità,
dell'equivalente apporto nutritivo di origine animale.

In linea teorica si potrebbe
anche dire che se allevassimo meno
bovini e coltivassimo più lenticchie
ci sarebbe meno fame nel mondo.
Forse. C'è comunque chi ipotizza,
fra qualche decennio, un necessario
futuro vegetariano per tutti. Tanto vale,
quindi, iniziare subito a rivalutare fonti
di proteine alternative.

come cuocerli?

I legumi, tranne le lenticchie, chiedono solitamente un ammollo da 6 a 8 ore. Questo tempo si può abbreviare portando prima a ebollizione per 2 minuti i legumi a crudo, poi lasciandoli nell'acqua, coperti, per 1 ora.

Si prosegue infine con 2 o 3 ore di cottura (40 minuti per le lenticchie) in acqua non salata, alla quale si può aggiungere 1 cucchiaino di bicarbonato.

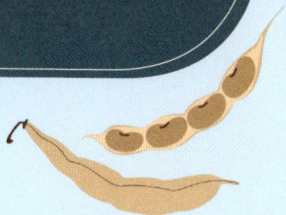

superproteici

I legumi sono ricchissimi di proteine e costituiscono uno dei sette gruppi fondamentali di alimenti individuati dagli esperti dell'Istituto Nazionale della Nutrizione. Contengono diversi aminoacidi essenziali, pochi grassi e una buona quantità di fibre, importanti sia per regolare le funzioni intestinali sia per controllare i livelli di glucosio e di colesterolo. Infine, sono anche una fonte non trascurabile di ferro (un dettaglio che interessa soprattutto le donne incinte, che dovranno però integrare la loro dieta con la vitamina C per assorbire meglio il ferro dei legumi) e di vitamina B.

delicata e saporita
E persino elegante. Questa è una gran bella
pappa. Se il vostro piccolino è ormai
un mangiatore rodato, schiacciatela
con la forchetta invece di frullarla.

purè di broccoli e sogliola

100 g di cimette di broccolo, 1 filetto di sogliola (circa 80 g), 2-3 cucchiai di latte, 1 cucchiaio di semolino per bebè, 1 cucchiaino di parmigiano grattugiato, 1 cucchiaino d'olio extravergine d'oliva

Lavare le cimette e cuocerle a vapore per 5 minuti. Unire il filetto di sogliola (in pescheria si può solitamente chiedere di far sfilettare il pesce) e continuare la cottura per altri 10 minuti. Frullare poi il tutto con il latte fino a ottenere una crema piuttosto lenta. Incorporare il semolino, il parmigiano e l'olio, mescolare bene e servire a temperatura ambiente.

le quattro stagioni della sogliola

Questa pappa si può preparare tutto l'anno. In autunno e in inverno i broccoli si possono sostituire con le cimette di cavolfiore o con una patata, una carota e un pezzetto di cipolla. In primavera la sogliola si sposa benissimo con una piccola zucchina e due asparagi, d'estate con una manciata di fagiolini, un paio di pomodorini e qualche fogliolina di basilico...

come scegliere il pesce

il segreto del pesce fresco

Il primo e il più importante segreto per procurarsi pesce fresco di buona qualità è un semplicissimo trucco della nonna: trovate un pescivendolo di fiducia. Frequentatelo, parlategli, siategli fedele, vogliategli bene. Questa cordialità diventerà presto reciproca e si tradurrà in ottimi consigli per l'acquisto.

quale, fra i tanti?

Il pesce d'allevamento è spesso carico di antibiotici, pertanto si preferisce dare ai bimbi quello pescato come il merluzzo e la sogliola, che semplicemente non esistono in versione "d'allevamento". Se potete contare su un buon pescivendolo, sono ottimi anche la pezzogna, il rombo, la spigola e l'orata, che però devono essere rigorosamente pescati nel Mediterraneo. Da evitare, invece, i predatori come lo spada e il tonno, che possono presentare alte concentrazioni di mercurio, mentre il salmone (selvatico, però) e lo sgombro sono ottime fonti di Omega-3.

guardatelo negli occhi

Il pesce fresco si riconosce facilmente dall'aspetto dell'occhio, che dev'essere brillante, perfettamente convesso e con una cornea trasparente. Anche le branchie non mentono, e devono essere umide e di un rosso o rosato vivace. Il pesce dev'essere rigido, con riflessi metallici e una polpa soda. Poi annusatelo: non deve puzzare, deve profumare deliziosamente di salsedine... Infine, non dimenticate mai di buttare un occhio al cartellino che lo accompagna e che segnala la zona FAO di provenienza del pescato (quella da prediligere è il Mediterraneo, la zona 37), e se è di allevamento o meno.

un piatto rustico

Questa pappa strizza l'occhio
ai coccolosi stufati francesi con i quali
sono cresciuta io: manzo, carote, una punta
di pomodoro nella salsa e patate come contorno:
un vero comfort food...

stufatino di manzo e carote

2 carote, 1 patata, 15 g di scalogno, 1 pomodoro da sugo maturo, 50 g di manzo (muscolo macinato, possibilmente da allevamento bio), 1 rametto di timo fresco, 2 bicchieri circa di brodo di verdura senza sale

Sbucciare le carote e la patata e tagliarle a pezzettini; tritare lo scalogno. Sistemare il tutto in un pentolino, aggiungere il pomodoro privato del cuore duro e dei semi, aggiungere la carne e il timo, coprire con il brodo e lasciar cuocere a fuoco medio-basso per 20 minuti. A cottura ultimata, eliminare il timo e frullare il tutto. Servire tiepido.

macinata o a pezzetti?

Se vi fornite da un macellaio o allevatore di fiducia potete azzardarvi ad acquistare la carne macinata già pronta. In alternativa potete farvela preparare al momento, oppure macinarla voi stessi usando il robot da cucina o, se avete un po' di pazienza, il coltello. Per dare maggior consistenza alla pappa si può far cuocere il macinato nelle verdure già cotte e frullate, rimettendo il tutto sul fuoco per 5 minuti.

adoro il rito della colazione lenta
*In particolare amo quella domenicale,
in famiglia. Ecco un dolce da condividere,
e da alternare ai soliti biscotti e composte
di frutta, a colazione o a merenda.*

tortine con yogurt senza uova

50 g di zucchero di canna, 60 ml d'olio extravergine d'oliva, 250 ml di yogurt naturale, 180 g di farina 00 (oppure metà 00 e metà integrale o di farro), 2 cucchiaini di lievito per dolci, 1 pizzico di cannella in polvere

Sbattere lo zucchero con l'olio, incorporare lo yogurt e aggiungere infine la farina mescolata con il lievito e la cannella. Amalgamare bene e riempire 8 stampini da muffin medi. Infornare a 180 °C per 25 minuti o finché le tortine sono diventate dorate. Dose per 8 tortine.

tortine su misura

Queste tortine sono ottime nella loro versione di base, ma potete anche personalizzarle a piacere aggiungendo nell'impasto la frutta fresca e secca che preferite. Qualche esempio: mezza banana e mezza mela tagliate a cubetti; quattro albicocche secche tritate; mezza zucchina e mezza mela grattugiate; una punta di semini di vaniglia e 2 cucchiai di polpa di mango tagliata a cubetti...

lo yogurt

YOGURTIERA

quale scegliere?

Anche lo yogurt va scelto. Al momento dell'acquisto,
infatti, bisogna assolutamente leggere l'etichetta, dato
che lo yogurt industriale molto spesso contiene zucchero.
Ci occorre quindi quello intero – mai prodotti magri per i bimbi
– senza zucchero, dolcificanti o, tantomeno, coloranti e aromi
artificiali. Un semplice yogurt bianco quindi, che si trova anche
in versione bio o biodinamica pure al supermercato.

YOGURT

yogurt maison

Lo sapevate che potete produrlo in casa senza acquistare ingombranti macchinari? Basta diluire 125 g di yogurt (trattandosi di fermenti dovete pur sempre prenderli da qualche parte per coltivarli in seguito) in 1 litro di latte fresco intero, coprire con la pellicola e lasciar riposare per 8 ore a 40 °C (alcuni forni sono in grado di mantenere questa temperatura, altrimenti potete metterlo a bagnomaria). Trascorso questo tempo avrete uno yogurt da usare, e aromatizzare a piacere. Se preferite una consistenza più densa come quella dello yogurt greco, trasferite il tutto in una garza e mettetelo in frigo a filtrare per 24 ore. Si conserva al fresco per 15 giorni.

i benefici dello yogurt

Tranne ovviamente nei casi di intolleranza al lattosio o allergia alle proteine del latte, lo yogurt è un ottimo alleato nell'alimentazione dei bambini: è ricco di fermenti lattici – e quindi fa molto bene alla flora batterica intestinale, che aiuta a riequilibrare – e contiene una buona dose di vitamine A e B. È anche ricco di calcio e fosforo, due sali minerali particolarmente importanti per la crescita, e sembra persino che favorisca la prevenzione della carie e il potenziamento del sistema immunitario.

biscotti fatti in casa
Non si tratta qui di voler sostituire
i classici biscotti per l'infanzia,
ma semplicemente di proporre,
di tanto in tanto, un biscotto genuino,
fatto in casa, dal sapore nuovo e delicato.

biscottini all'arancia

2 arance non trattate, olio extravergine d'oliva (lo stesso peso del succo delle arance), 3 tuorli, zucchero a velo (metà del peso del succo delle arance), 10 g di lievito per dolci, 400 g circa di farina, 1 cucchiaino di latte

Grattugiare la buccia di mezza arancia, poi spremere entrambi gli agrumi. Pesare il succo e unire l'olio, 2 tuorli, la buccia grattugiata dell'arancia, lo zucchero a velo e il lievito. Aggiungere poi 300 g circa di farina e mescolare, aggiungendone altra man mano fino a ottenere un impasto della consistenza di una frolla. Formare una palla, avvolgerla con la pellicola e tenerla in fresco per 30 minuti. Stendere quindi la pasta col mattarello a uno spessore di 2-3 mm, ritagliare i biscotti con la rotellina e disporli su una teglia ricoperta di carta forno. Mescolare infine il terzo tuorlo con il latte e spennellare la superficie dei biscotti. Cuocere a 180 °C per circa 15 minuti. Conservare in un contenitore chiuso ermeticamente. Dose per circa 40 biscotti.

sapori alternativi

Per aromatizzare diversamente questi biscotti potete sostituire l'arancia con altri agrumi: i mandarini, per esempio (usandone il doppio delle arance), o i limoni (magari per bimbi un pochino più grandi). Potete anche eliminare del tutto gli agrumi e usare succo di mela biologico al posto di quello di arancia, aggiungendo una presa di cannella in polvere.

l'ora del biscotto

La maggior parte dei biscotti in commercio contiene glutine, quindi se volete inserirli nella dieta del vostro bimbo dovete aspettare che abbia compiuto sei mesi. Prima di quest'età è sconsigliato introdurre cibi, poiché il latte – preferibilmente materno – soddisfa tutte le necessità nutrizionali del bambino. Diversamente, dietro consiglio del pediatra, si possono trovare anche biscotti, granulati e non, senza glutine.

sì! no! quando?

Fra difensori e detrattori, c'è chi scioglie quintali di biscottini nel latte del biberon e chi invece li demonizza, vietandoli prima dell'anno – almeno – perché "c'è lo zucchero". Ognuno deve quindi scegliere secondo le proprie convinzioni. Io ho optato per una via di mezzo: non ho mai messo biscotti nel latte (il latte è latte, è dolce e nutriente già di suo, non serve aggiungere i biscotti), ma dai sei mesi circa ne ho dato uno a mia figlia a colazione e, a volte, anche a merenda perché il biscotto per l'infanzia, molto croccante e solubile insieme, è perfetto per imparare a sgranocchiare.

Se il vostro bimbo ha anche solo uno o due denti sarà in grado di mordicchiarlo e di allenarsi a mangiare, mordere, masticare e coordinare i movimenti. Tutto ciò senza rischiare di soffocare (perché il biscottino dopo poco si scioglie).

quali scegliere?

I biscotti sono uno dei pochi casi in cui il fai da te non riesce meglio dell'industriale: io non sono stata capace di produrre biscotti senza uova che fossero leggeri, croccanti e ricchi di elementi nutritivi quanto la versione industriale. Oltre ad aziende ben note, più di una catena di supermercati propone, sotto il proprio marchio, classici e ottimi biscotti per l'infanzia a base di ingredienti biologici.

il profumo delle mele al forno

Adoro quell'aroma zuccheroso e persistente
che si spande per tutta la casa... Mia figlia, poi, era molto
contenta di andare oltre la mela grattugiata
e i barattolini di semplice composta!

baby mele al forno

4 mele, 4 biscotti per l'infanzia, 1 punta di cannella in polvere, 1 arancia rossa non trattata, 2 cucchiai di sciroppo di mela, 1 cucchiaino di burro

Lavare le mele, tagliare la parte superiore ("cappello") tenendola da parte ed eliminare il torsolo con l'apposito utensile. Nel mortaio, pestare i biscotti, aggiungere la cannella e mescolare. Farcire ogni mela con i biscotti sbriciolati, poi chiuderla con il suo "cappello". Sistemarle tutte in una pirofila, versandovi sopra prima il succo dell'arancia, poi lo sciroppo di mela. Mettere infine un piccolo fiocco di burro su ogni mela e infornare a 180 °C per circa 20 minuti o finché le mele sono diventate molto morbide. A metà cottura, irroratele con il succo che si è formato sul fondo della pirofila. Servire tiepide. Dose per 4 porzioni.

il tempo delle mele

Chiaramente è l'autunno il momento migliore per consumare e cucinare le mele. Per questa ricetta preferite varietà locali italiane sia dolci, sia asprigne: potete usare le renette e perfino le annurche. Diffidate delle mele che arrivano dall'altra parte del globo: raccolte di solito prematuramente, sono messe a maturare nella stiva delle navi e perdono molto in sapore.

Il primo compleanno va assolutamente festeggiato: viene spontaneo voler fare un dolce, eppure fra divieti e desideri di equilibrio non è facile trovare la giusta via. Ecco una ricetta perfettamente adattata per i piccolini.

torta alle carote
del primo compleanno

225 g di farina, 50 g di zucchero grezzo di canna, 1 cucchiaio di cannella in polvere, 2 cucchiaini di lievito per dolci, 250 g carote grattugiate, 6 cucchiai di succo di mela, 6 cucchiai d'olio extravergine d'oliva, 6 cucchiai di yogurt naturale, 200 g di formaggio fresco tipo Philadelphia, 100 g circa di zucchero a velo, frutta a piacere per decorare

Mescolare la farina con lo zucchero, la cannella e il lievito. Aggiungere le carote, il succo di mela, l'olio, lo yogurt amalgamando bene. Versare in una teglia di 20 cm di diametro e infornare a 180 °C per circa 25 minuti (fare il test con lo stecchino prima di sfornare). Lasciar raffreddare completamente, poi tagliare la torta a metà. Lavorare il formaggio e lo zucchero a velo con la frusta elettrica fino a ottenere una crema densa. Spalmare il primo disco di crema al formaggio, porre il secondo disco sul primo e coprire tutta la superficie della torta con la crema al formaggio rimanente. Tenerla in frigo per 2 ore prima di decorarla. Dose per 4 porzioni.

torta delle mie brame

Per un effetto più scenografico, preparate – con il doppio degli ingredienti – due torte: otterrete un dolce più alto dal fascino innegabile. Se preferite un rivestimento colorato, potete usare qualche goccia di succo di barbabietola per un rosa più o meno intenso, o lo zafferano per una torta gialla. In commercio si trovano anche coloranti naturali.

le allergie alimentari

una premessa necessaria

Se ci sono casi di allergia e intolleranza in famiglia dovete concordare con il pediatra di fiducia il programma di inserimento dei cibi. In alcuni casi, come quello della celiachia, si ipotizza che l'intolleranza al glutine possa essere causata dalla sua precoce introduzione nella dieta del bambino. È quindi importante rispettare le indicazioni che vi darà il medico.

alimenti da evitare. o no?

Per tutti i casi in cui non c'è motivo di avere preoccupazioni
a priori, si tende a osservare lo schema più o meno classico
che prevede l'introduzione tardiva di alcune categorie di alimenti
che potrebbero rivelarsi allergizzanti: il pomodoro, il latte
di mucca, le uova, la frutta secca, le fragole, il pesce, i crostacei...
Purtroppo non è chiaro da dove nascano le allergie, e se da un
lato si ritiene sia meglio ritardare un pochino l'introduzione di certi

cibi, dall'altro può essere nocivo anche
rimandare troppo il loro inserimento
nella dieta del bimbo. È importante
anche il lato psicologico della vicenda:
una mamma che si fossilizza sul
calendario con un atteggiamento
rigido e ansioso rischia di rendere
traumatico un percorso che dovrebbe
essere di gioiosa scoperta.

Detto questo, e a prescindere
dal calendario che adotterete,
solitamente si dà al bambino
un cibo "nuovo" per volta,
e si introduce il successivo
non prima di tre giorni, in modo
che si possa individuare subito
il colpevole in caso di eventuali
reazioni allergiche.

io mangio da solo

da 12 a 24 mesi

mangiare di tutto, o quasi

Dall'anno compiuto cadono quasi tutti i tabù alimentari: solitamente si attende ancora con crostacei, frutti di mare e frutta oleosa, ma tutto il resto può essere inserito nel menù, quindi questo sarà un periodo di novità e scoperte. Chiaramente, ciò dovrà avvenire in modo graduale e probabilmente continuerete a cucinare ancora un po' pastine con creme di verdura, legumi, carne e pesce, inserendo poco per volta altri alimenti. Del resto tutti i bambini sono unici: alcuni si impadroniranno presto del cucchiaino che fino all'altro giorno usavate per imboccarli, altri ci metteranno più tempo, qualcuno sarà più avventuroso e qualcuno più diffidente. E molti inizieranno a interessarsi da molto vicino a tutto ciò che mangiate voi, per cui questo è davvero il momento di dare il buon esempio (e di mangiare le vostre verdure!).

Se la quantità degli ingredienti è ormai quasi illimitata, ci sono un paio di precauzioni da continuare a prendere nella preparazione degli alimenti: il sale rimane un ingrediente da utilizzare con estrema parsimonia (personalmente ne uso pochissimo nell'acqua di cottura e non salo direttamente i cibi; per insaporire adopero spesso il parmigiano ed, eccezionalmente, la salsa di soia a basso contenuto di sale); allo stesso modo è meglio che lo zucchero sia usato molto poco, più che altro per non instaurare cattive abitudini.

Questo è anche il momento giusto in cui il bambino può iniziare a condividere piano piano i piatti preparati per il resto della famiglia, quindi dovrete rivedere un po' le vostre idee in materia di ingredienti, magari rivalutando le farine e i dolcificanti alternativi. In questa fase ho evitato fritti e soffritti, ma senza estremismi: il primo assaggio di pizza o patatine fritte arriverà presto. Non bisogna demonizzare nulla, ma far sì che il cibo di ogni giorno sia sano...

congelatele!

Io lo faccio spesso:
preparo una dose generosa di polpette
e congelo ciò che avanza,
così ho sempre pronto uno spuntino
o un piatto per una cena improvvisata.

polpette di spinaci e ricotta al sesamo

4oo g di spinaci (freschi o surgelati), 15o g di ricotta del giorno prima (o primosale), 1 uovo, 3o g di parmigiano grattugiato, pangrattato, sesamo tostato, olio extravergine d'oliva, sale

Sbollentare gli spinaci in acqua bollente leggermente salata, scolare, lasciar intiepidire e strizzare per bene. Frullare gli spinaci insieme alla ricotta, incorporare l'uovo, il parmigiano e 1 o 2 cucchiai di pangrattato in modo da ottenere un impasto denso ma non asciutto. Formare delle polpette delle dimensioni di una noce e impanarle in un misto di metà pangrattato e metà semi di sesamo. Disporle su una teglia rivestita con carta forno, aggiungere qualche goccia d'olio e lasciar cuocere a 180 °C per 25 minuti. Servire tiepide. Dose per circa 20 polpette.

tutti pazzi per gli spinaci

Il cliché vuole che i bambini non vadano matti per le verdure verdi, così non mi era mai venuto in mente di dare a mia figlia un piatto fatto per lo più di spinaci. Eppure una sera, in Calabria, la zia Angela le propose queste polpette che prepara spesso per il suo bimbo. Fu un successone. E le repliche non sono mancate, anche con le consuete varianti: provate il primosale al posto della ricotta.

frittatina ripiena di pollo e avocado

2 uova, 1 cucchiaio di parmigiano grattugiato, 1 cucchiaino di latte, olio extravergine d'oliva, 1/2 avocado maturo, succo di limone, 30 g di petto di pollo già cotto

Sbattere le uova con il parmigiano e il latte. Scaldare un goccio d'olio in un padellino antiaderente, versarvi il composto e cuocere a fuoco medio-basso per qualche minuto. Nel frattempo, sbucciare l'avocado, affettarlo a fette sottili e condirlo con un goccio di succo di limone. Tritare al coltello, o sfilacciare, la carne di pollo. Quando la frittata è quasi rappresa, distribuirvi sopra l'avocado e il pollo, poi piegarla in due e farla cuocere, coperchiata, ancora per un paio di minuti per lato. A cottura ultimata, tagliarla a fettine di 1 cm e servire. Dose per 2 porzioni.

variazioni sulla frittata

Solitamente compongo le frittate aprendo il frigo e improvvisando con quel che trovo: da segnalare l'aggiunta, nella frittata di pollo e avocado, di pomodorini tritati e basilico, o la sostituzione dell'avocado con 1 cucchiaino di broccoletti ripassati in padella. Altre varianti: ripieno di prosciutto crudo, pochissima salvia e groviera, formaggio caprino e spinacini, bollito di manzo e carote grattugiate...

mangiare con le mani

opinioni a confronto

Conosco genitori totalmente contrari all'idea che i loro figli mangino con le mani, ma esistono anche scuole di pensiero che, al contrario, incoraggiano i piccoli a farlo fin dagli 8-9 mesi. Personalmente credo che mangiando da solo il bimbo possa porsi in modo "attivo" di fronte al cibo e questo, in un periodo della sua vita in cui spesso si sente frustrato perché limitato nei movimenti e nella comunicazione, mi pare molto positivo.

mani o posate?

Qualcuno pensa che se si lascia che un bambino mangi
con le mani ci metterà più tempo a utilizzare le posate,
ma il problema non va posto in maniera così netta: un bimbo
che mangia con le mani imparerà comunque a usare forchetta
e cucchiaio (fosse anche per mera emulazione), viceversa non è
detto che se viene sempre e solo imboccato impari a servirsene
più rapidamente. Piuttosto, potete lasciare che manipoli
le sue posatine già dall'inizio dello svezzamento. Ovviamente
non le userà per nutrirsi, ma comincerà a prendere confidenza
con gli utensili e arriverà un momento in cui vorrà fare da solo.
Tutto ciò andrà comunque di pari passo con una discreta
serie di "danni collaterali": macchie e cibi più o meno liquidi
schiacciati sul tavolo, sul tappeto e sul maglione della mamma.
Ricordatevi, però, che tutto passa...

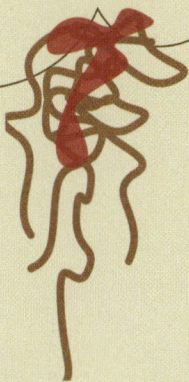

mani pulite

Paradossalmente, accettare che un bimbo mangi con le
mani e incoraggiarlo a esplorare il cibo in questo modo
significa anche iniziare a educarlo seriamente – e molto
presto – all'igiene, poiché gli laverete le mani (e probabilmente anche il viso) prima e dopo i pasti. E siccome
le buone abitudini si acquisiscono fin da piccoli, ecco un
piccolo rito che diventerà in breve un'ottima e consoli-
data consuetudine...

un classico moderno

*Non serve sempre inventarsi chissacché.
Persino le classicissime ricette regionali,
infatti, possono funzionare per i piccolini.
I canederli, per esempio, sono ottime polpette
nutrienti e sempre gradite dai bimbi.*

gnocchi di pane con biete e prosciutto

150 g di pane raffermo, 1 bicchiere di latte, 200 g di foglie lessate di bieta, 1 uovo, 1 cipollotto, 60 g di prosciutto cotto, parmigiano grattugiato, olio extravergine d'oliva

Spezzare il pane, bagnarlo con il latte e lasciar riposare per una decina di minuti; poi strizzarlo, aggiungere le biete, l'uovo, il cipollotto affettato, il prosciutto e 1 cucchiaio di parmigiano. Frullare brevemente il tutto in modo da ottenere un composto denso e omogeneo (nel caso dovesse risultare troppo molle, correggere con qualche cucchiaio di pangrattato). Formare delle grosse polpette e cuocerle in acqua bollente per circa 5 minuti, o finché verranno a galla. Condire con una spolverata di parmigiano e un filo d'olio.

baby canederli

I canederli sono un ottimo cibo da mangiare con le mani (anche se nulla vi vieta di farli più piccoli e di condirli con un po' di sugo: sono altrettanto ottimi). A me piace aggiungere anche la carne per renderli un pasto completo: prosciutto cotto, quindi, ma anche un po' di petto di pollo cotto in precedenza, o persino qualche fettina di arrosto avanzato. Tutto fa brodo, anzi, fa canederli...

finger food

l'happy hour del finger food...

Il finger food per bebè ovviamente ha poco a che vedere con l'aperitivo: in realtà è tutto quel cibo, semplice e tagliato a misura di bimbo, che i piccolini possono manipolare senza posate, con le dita. L'idea è di lasciare che il bambino si nutra da solo, offrendogli un piccolo ventaglio di consistenze, sapori e colori diversi da manipolare e assaggiare a piacere.

cibo su misura per le dita

La scelta è davvero vasta: si va dalla pasta (anche nei formati per adulti, a questa età i piccolini sono muniti di denti) alle polpette in tutte le varianti, ai tozzetti di pane, passando per striscioline di frittata o di prosciutto, spicchi di formaggio fresco o bastoncini di verdura cotta al dente (spesso i bebè non amano le consistenze troppo molli), senza dimenticare la frutta, tutta. Basta mettere a disposizione un piccolo assortimento, e lasciare che il bimbo si serva da solo...

precauzioni

C'è chi consiglia di stendere sotto il seggiolone e il tavolo l'equivalente di un paio di quotidiani. Ma non bisogna neanche esagerare: i bambini si sporcano, è normale, per questo vanno vestiti in modo casual e per questo esistono i bavaglini (e le lavatrici). Se invece il piccolo getta il cibo in giro per la stanza può significare che non ha fame o che ha finito di mangiare.

tentazioni

Per quanto invitanti, i finger food industriali sono da evitare (tanti bambini scopriranno abbastanza presto il favoloso mondo di tutto ciò che sarebbe meglio non mangiare): le patatine fritte a questa età non vanno tanto bene, né tantomeno i bastoncini di pesce impanati (che sono pur sempre prefritti). Nei casi di emergenza: cracker o taralli senza sale (né olio di sansa), carote baby, una crosta di pane.

la Cina a modo mio

Non so molto di cucina cinese,
ma ho sempre ritenuto che il riso
alla cantonese sia un ottimo piatto unico.
Ne faccio una versione baby, colorata, per
niente noiosa e persino nutriente,
perfetta per i picnic e la pausa pranzo.

insalata di riso come a Guangzhou

50 g di riso integrale, 40 g di piselli freschi, 30 g di chicchi di mais, 20 g di prosciutto cotto, 20 g di formaggio di capra stagionato, 1 uovo, olio extravergine d'oliva, salsa di soia a basso contenuto di sale, sale

Far cuocere il riso in abbondante acqua leggermente salata. Cuocere i piselli e il mais in acqua bollente, scolarli e rinfrescarli sotto l'acqua fredda. Nel riso ben sgocciolato, mescolare i piselli e il mais. Aggiungere il prosciutto e il formaggio tagliati a dadini. Infine, cuocere l'uovo in un padellino strapazzandolo, poi aggiungerne metà nell'insalata. Dare una vigorosa mescolata e condire con un goccio d'olio e un'idea di salsa di soia.

e per gli adulti...

A prescindere dal fatto che questa insalatina la mangio anche così, se proprio volete farne una versione per adulti eliminate il formaggio e fate saltare il riso con un soffritto di cipolla, peperone tagliato a dadini e olio di sesamo. Potete aggiungere un po' di gamberi saltati in padella, cubetti di tofu e una manciata di germogli di soia. O qualsiasi altra cosa vi avanzi in frigo...

Ci sono bimbi che amano la pasta, ma che tendono a scartare gli ortaggi. Facendo saltare i fusilli insieme alle verdure grattugiate, questi due ingredienti – letteralmente – si intrecciano, pertanto diventa molto più difficile separarli...

fusilli di kamut e verdure grattugiate

1 piccola zucchina, 1 spicchio d'aglio, 2 foglioline di basilico, olio extravergine d'oliva, 30 g di pasta, 1 cucchiaino di formaggino fresco, parmigiano grattugiato, sale

Lavare e tritare la zucchina con una grattugia a buchi medio-grandi, poi cuocerla per 3-4 minuti in un padellino con un goccio d'olio, il basilico e lo spicchio d'aglio in camicia (se il tutto si asciuga troppo aggiungere un po' d'acqua). Nel frattempo mettere a cuocere la pasta in acqua leggermente salata. Quando la zucchina sarà ben morbida, scartare l'aglio e il basilico e aggiungere il formaggio fresco, mescolando per farlo sciogliere. Saltare, infine, la pasta con il suo condimento, amalgamando bene in modo che la zucchina sia ben distribuita. Servire con una piccola spolverata di parmigiano.

fusilli per due

Anche questo è un piatto che ho sempre mangiato volentieri insieme alla mia piccolina. Si può replicare con tutte le verdure grattugiabili come le carote, la zucca, le melanzane, a seconda della stagione... Mi piace moltissimo la versione "asiatica" dello stesso piatto: carote, zucchine, cipollotto e cavolo verde grattugiati e saltati con un filo d'olio di sesamo e conditi con un goccio di salsa di soia: buonissimo!

per variare un po'

*Al posto della solita pastina, ecco un primo
quasi per adulti. Mia figlia era entusiasta
di poter mangiare dei formati di pasta
per "grandi". Agli inizi la aiutavo tagliando,
per esempio, le farfalle a metà.*

farfalle con crema di finocchio e salmone

1 filetto di salmone (circa 150 g), olio extravergine d'oliva, 1/2 finocchio, 1 cipollotto, 150 g di farfalle, sale

Scaldare un padellino con un goccio d'olio e adagiare il salmone sul lato della pelle. Coperchiare e cuocere a fuoco medio per 5-7 minuti. Spegnere e lasciar riposare, sempre con il coperchio, per altri 5 minuti o finché il pesce sia del tutto cotto. Eliminare la parte esterna e il cuore duro del finocchio, affettarlo e sistemarlo in un pentolino insieme al cipollotto tagliato sottile. Coprire con poca acqua e far cuocere per circa 10 minuti o finché il finocchio sarà diventato morbido. Frullare con il mixer a immersione insieme a poca acqua di cottura in modo da ottenere una cremina non troppo lenta. Far cuocere la pasta in abbondante acqua salata, scolarla e mescolarla bene con la crema di finocchio e la polpa di salmone sbriciolata. Dose per 1 adulto e 1 bambino.

piccole strategie

Se il vostro bimbo non apprezza la vista dei pezzetti di pesce o non è abituato al sapore, potete frullarlo insieme al finocchio. Riguardo al salmone, meglio cercare un esemplare selvaggio, dato che quello d'allevamento è più grasso e spesso trattato con antibiotici. Volendo rendere più "adulto" questo piatto, aggiungete una buona presa di pepe nero macinato, aneto tritato e 1 cucchiaio di panna acida.

io non mangio!

arriva l'aeroplaninoooo...

Il rifiuto del cibo da parte del bambino può avere diverse motivazioni. In ogni caso, cercate di sdrammatizzare – sembrerà cinico, ma pensate che solitamente i bimbi occidentali non muoiono di fame – e di evitare di farne un dramma, di arrabbiarvi, o di insistere oltremodo (intanto, per tranquillizzarvi, informatevi presso il pediatra se i dati della crescita sono nella media).

che barba, che noia...

Uno dei più frequenti motivi di rifiuto è semplicemente la noia. Da genitori è facile farsi prendere la mano e preparare con troppa frequenza ciò che sappiamo piacerà. Purtroppo il piccolo rischia di stufarsi, rifiutando quel purè con la sogliola che divorava felice poche settimane prima. Dato che è facile che i cibi nuovi vengano accettati solo dopo diversi rifiuti, evitate di scoraggiarvi, proponeteli quando il bimbo non è stanco e magari coinvolgetelo nella preparazione culinaria...

non ho più fame

Si può anche rifiutare il cibo semplicemente perché si è già sazi. Verificate quando il piccolo ha fatto merenda, e quanto mangia fuori dai pasti. I bimbi solitamente si regolano bene (mangiano ciò che serve loro e si fermano), quindi in questo caso basta proporre merende nutrienti ed equilibrate per sostituire o completare i pasti. Infine ci sono periodi in cui i piccoli mangiano davvero di meno: quando spuntano i denti o quando arriva la febbre, o semplicemente perché la crescita rallenta e servono meno calorie...

raviolini di farro
ripieni di prosciutto e piselli

80 g di farina 0, 80 g di farina di farro integrale, 2 uova fresche, 100 g di piselli,
1 pezzetto di cipollotto (circa 2 cm), 20 g di ricotta, 50 g di prosciutto cotto,
2 foglioline di menta, olio extravergine d'oliva, pecorino romano, sale

Impastare le farine con le uova finché la pasta è liscia ed elastica.
Cuocere i piselli per qualche minuto in acqua bollente con il cipollotto.
Scolarli e frullarli con la ricotta, il prosciutto cotto e la menta. Stendere
la pasta in una sfoglia sottile e tagliarla a strisce di 8 cm di larghezza.
Ripiegare ogni striscia in due parti uguali, spennellarne solo una metà
con un po' d'acqua e deporvi col cucchiaino – a 4-5 cm di distanza –
un po' di ripieno. Richiudere con l'altra metà della striscia, premendo
intorno al ripieno per far aderire bene la pasta, e tagliare i raviolini con
una rotellina. Cuocerli in acqua leggermente salata per qualche minuto
o finché verranno a galla. Condire con il pecorino grattugiato e l'olio.
Dose per circa 30 raviolini.

il cavallo di Troia

Come per le polpette, ho iniziato a cucinare raviolini allo scopo di
metterci dentro tutto ciò che da solo non era ben accetto. Nei primi
tempi erano raviolini ripieni di pollo, fagiolini e basilico, di coniglio e
carote, di arrosto e via dicendo. Pensateci, quindi, nei casi di bisogno.
Questa è semplicemente la versione baby dei tortellini panna, piselli
e prosciutto (che a volte condisco con 1 cucchiaino di panna acida).

una bella teglia di lasagne al forno

*Non è esattamente quel che ci viene in mente
pensando al baby food ma, se adeguatamente
sminuzzata e non troppo carica di grassi e formaggi,
la classica lasagna è per il bebè un piatto da re...*

lasagne con ragù di verdure

1 cipolla, 1 carota, 1 pezzo di sedano, 1 zucchina, 1 piccola melanzana, olio extra-vergine d'oliva, 200 g di polpa di pomodoro, 1 rametto di timo fresco, 2 cucchiaini di burro, 1 cucchiaio di farina, 50 cl di latte, 50 g di parmigiano grattugiato, una decina di sfoglie di lasagne precotte

Tagliare le verdure a dadini, sistemarle in una padella capiente con un goccio d'olio e qualche cucchiaio di acqua e lasciarle cuocere per una decina di minuti. Aggiungere poi la polpa di pomodoro e il timo e lasciar cuocere per altri 10 minuti. Nel frattempo preparare la besciamella: dopo aver sciolto il burro, tostarvi la farina e diluire man mano con il latte; aggiungere infine il parmigiano grattugiato. In una piccola teglia alternare strati di pasta, ragù di verdure e besciamella, fino a esaurire gli ingredienti (finire con uno strato di besciamella a ricoprire il tutto), poi infornare a 210 °C per 45 minuti. Servire tiepide. Dose per 4 porzioni.

la pasta della domenica

Nella mia famigliola calabro-belga non è domenica senza pasta al forno. La domenica è quindi giorno di lasagna (spesso in bianco, spesso vegetariana, ma sempre con ciò che offre la stagione – zucca e broccoli sono fra i miei preferiti) o di rigatoni conditi con sugo di pomodoro, micropolpettine di manzo e dadini di mozzarella. E l'applauso è sempre garantito, da parte di grandi e piccini.

panini ripieni di patate e agnello speziato

300 g di farina, 1 cucchiaino di lievito per dolci, 1 uovo, 120 ml d'olio extravergine d'oliva, 1 cucchiaino di aceto bianco, 1 piccola cipolla tritata, 100 g di polpa di agnello macinata, 1 piccola presa di paprika affumicata, 1 piccola presa di cumino, 3 patate già cotte, 1 tuorlo, un pizzico di sale

Mescolare la farina, il lievito e il sale. Unire l'uovo, l'olio, l'aceto e 60 ml d'acqua. Impastare e, se serve, aggiungere altra acqua. Fare appassire la cipolla in una padella con l'agnello e le spezie e cuocere per 10 minuti. Schiacciare le patate e unirle alla carne. Stendere metà dell'impasto in un rettangolo di 30 x 20 cm, disporvi metà del ripieno nel senso della lunghezza e arrotolare. Ripetere l'operazione. Tagliare ogni rotolo in 6 segmenti, chiudere bene le estremità e disporre i panini su una teglia, in piedi, schiacciandoli un poco. Spennellare con il tuorlo diluito con 1 cucchiaio di acqua e infornare a 180 °C per 25 minuti. Dose per 12 panini.

un piatto di origine ebraica

Ogni paese ha una ricetta in cui la pasta di pane avvolge un ripieno (pensate al calzone, alle panadas sarde ecc). Questo piatto, una versione ebraica dell'Europa orientale, si chiama *knish* e si distingue per la sua crosticina sbriciolosa che abbraccia un ripieno morbido e profumato (il ripieno può ovviamente variare all'infinito). Il *knish* costituisce un goloso pranzo per il weekend o un ottimo snack per le gite fuori porta...

la pappa al peperoncino?

Alle nostre latitudini ci sembra una follia dare ai bimbi cibi speziati. In realtà diversi studi mostrano che nelle culture dove i piatti sono abitualmente molto saporiti (come in India o in America centrale), la componente speziata o piccante è presente molto presto anche nel cibo per bebè.

Ora, chiaramente ciò non deve indurci ad aggiungere il peperoncino nel biberon, ma in qualche modo si può dedurre, e soprattutto si può facilmente osservare, che le spezie di per sé, in dosi ovviamente minori, non sono ingredienti da riservare ai soli adulti. Anche i bimbi, infatti, possono essere curiosi o piacevolmente sorpresi dai sapori, quindi se si può rendere la pappa più intrigante grazie a un pizzico di curry o di cumino, perché no?

spicy baby food

Vi piace l'idea di introdurre qualche pizzico speziato qua e là ma non sapete da dove iniziare? Che ne dite di un curry leggero di zucca e ceci, o di un purè di patate con un pizzico di paprika affumicata? E – perché no? – una crema di carote con un micropezzetto di aglio e zenzero? La paprika è anche ottima nelle preparazioni al pomodoro, il garam masala si sposa perfettamente col pollo in umido e il cumino sta sempre bene ovunque c'è del formaggio...

spezie dolci

Ottime per dare un tocco morbido e dolciastro anche alle preparazioni salate sono la vaniglia (che si sposa bene con il pomodoro), la cannella (perfetta in mille situazioni, soprattutto laddove ci sono verdure già dolci di per sé), ma anche un'idea di anice stellato o di cardamomo (entrambi buoni con il pollo). Anche le miscele di spezie chai o ras el-hanout hanno dominanti dolci molto gradevoli e sono ottime negli stufati di carne e verdure.

un perfetto escamotage

Preparate le polpette per inserire tutti quegli alimenti che non sono graditi se proposti da soli o al naturale: se il vostro piccolino non va matto per ciò che è verde e non ama la carne sono una vera ancora di salvataggio...

polpette di pollo e verdure

1 patata, 1 carota, 1 zucchina, 100 g di fagiolini, 1 manciata di piselli, 1 cipollotto, 150 g di petto di pollo, 50 g di parmigiano grattugiato, 3 cucchiai di pangrattato, 1 cucchiaio di semi di sesamo

Sbucciare la patata, poi tagliare tutte le verdure a pezzetti. Sistemarle nella vaporiera e cuocerle per 30 minuti. Mettere il tutto nel mixer e tritare finemente, poi versarlo in una capiente ciotola. Macinare, sempre nel mixer, anche il petto di pollo. Aggiungerlo alle verdure, poi unire il parmigiano e 2 cucchiai di pane grattugiato. Impastare bene il tutto con le mani (la consistenza non deve essere troppo soda), formare delle polpettine grandi quanto una noce e passarle nel pangrattato rimasto mescolato con il sesamo. Schiacciare le polpettine e sistemarle su una teglia rivestita con carta forno. Condire con un filo d'olio d'oliva, poi infornare a 200 °C per 25 minuti circa. Servire tiepide. Dose per circa 30 polpette (se avanzano, si possono congelare).

l'alchimia della polpetta

Se usate il pollo, questa ricetta contiene di suo il collagene necessario per tenere insieme la polpetta; se però sostituite il pollo con un altro tipo di carne dovrete aggiungere 1 o 2 cucchiai di uovo sbattuto. Potete invece variare le verdure a piacere, anche in funzione di ciò che offre il mercato: d'estate aggiungo una melanzana e qualche pezzettino di peperone, d'inverno si possono usare zucca e broccoli.

l'arte di camuffare

no, il verde no!

Molti bimbi sviluppano una antipatia per questo o quel cibo, e la parte più difficile del vostro compito sta nel nutrirli senza abbandonare queste categorie di alimenti. A casa mia, per esempio, la carne tale e quale non è mai stata ben accolta, quindi preparo spesso polpette di pollo, polpettoni conditi nei modi più svariati, raviolini ripieni di brasato ecc., pur di far inghiottire alla mia bimba il suo fabbisogno di proteine di origine animale. Quel che cerco di fare non è mimetizzare al punto da rendere irriconoscibili gli alimenti "difficili", ma semplicemente far in modo che accompagnino qualcosa (la polpetta, la pasta ripiena..). che al bimbo piace, e che anche il condimento sia gradevole. Funziona quasi sempre.

la verdura scomparsa

Se ritengo vincente la tattica di mescolare ciò che al bimbo non piace – ma che per lui è necessario – con ingredienti più amati affinché il sapore e la consistenza degli alimenti meno gettonati diventino man mano familiari, mi pare piuttosto controproducente camuffare all'estremo l'ingrediente "tabù" in modo che il suo sapore scompaia completamente.

Come in quella pasta per piccolini che contiene verdure, tranne poi non averne il gusto.

verdure golose

Un'altra tattica è rendere le verdurine un po' più golose, per esempio cuocendole al vapore e condendole con una quantità ragionevole di besciamella leggera. Poi faccio gratinare al forno con un quid di formaggio... Stratagemma perfetto per cavoli e radici in generale.

prelibatezze italiche
*Alcuni piatti non sono riservati solo agli adulti.
Ecco una versione "leggerissima" della zuppa
di pesce, perfetta per insaporire il couscous.
È anche un ottimo piatto per esercitarsi
all'uso del cucchiaino...*

baby couscous con zuppa di pesce

2 pomodori maturi, 1 spicchio d'aglio, 2 foglioline di basilico, origano secco, 1 filetto di spigola o orata o 1 triglia meticolosamente spinata (a seconda di ciò che trovate di più fresco), 50 g di couscous bio precotto

Lavare i pomodori e tagliarli a dadini. Sistemarli in un pentolino insieme allo spicchio d'aglio in camicia, il basilico e una presa di origano. Versarvi 250 ml d'acqua e portare a ebollizione. Cuocere per 5 minuti a fuoco vivace, poi aggiungere il filetto di pesce e cuocere a fuoco medio-basso per altri 5 minuti. Passato questo tempo, togliere il pesce dalla zuppa. Eliminare l'aglio e il basilico. Versare un mestolino del brodo caldo sul couscous e mescolare con una forchetta. Coprire e lasciar gonfiare per 5 minuti. Infine, condire con un goccio d'olio e aggiungere il pesce spezzettato. Mescolare bene e servire.

grani di semola

Morbido, giocoso e gradevole al palato, il couscous è un alimento che piace ai piccoli. Potete anche farlo in casa, come da tradizione siciliana, lavorando con le dita il semolino macinato grossolanamente con poca acqua salata e cuocendolo poi al vapore. In alternativa si trovano ottimi couscous precotti, bio, integrali o del commercio equosolidale, non solo di grano duro ma anche di mais, riso ecc.

un ricordo di casa mia
*Questa ricetta mi ricorda la cucina
di mia mamma: per anni e anni il venerdì
ho mangiato purè di patate accompagnato
a filetto di merluzzo del Mare del Nord.
Non potevo resistere alla versione baby...*

pesce e patate

2 patate, 1 fiocchetto di burro o 1 cucchiaino d'olio extravergine d'oliva, 1 bicchierino di latte, 50 g di filetto di merluzzo, 1 cucchiaio di formaggio tipo groviera grattugiato, 2 fili di erba cipollina

Far cuocere le patate con la buccia. Scolarle, sbucciarle e schiacciarle con un cucchiaio di legno, incorporare il burro o l'olio e il latte fino a ottenere un purè un po' rustico. Far cuocere il pesce al vapore, poi sbriciolarlo sulle patate, aggiungere il formaggio e l'erba cipollina tritata e mescolare bene.

patate e coccole

Poiché questo è un piatto semplice e goloso insieme, dolce e morbido, è diventato presto un mio caposaldo; le varianti, come al solito, sono tante quante riuscite a immaginarne: si possono cuocere un pezzo di porro o due carote insieme alle patate per un purè colorato, usare qualsiasi pesce bianco, dalla sogliola alla trota, condire con formaggi come il caprino fresco o, se piace, il provolone piccante...

*Ideare pasti che siano nutrienti ed equilibrati
ma anche sufficientemente golosi
per suscitare l'interesse dei piccolini
non è una cosa semplice.
In quest'ottica, la farina di ceci è decisamente
da prendere in considerazione...*

pizzette di farina di ceci e verdure

200 g di farina di ceci bio, 100 g di farina integrale, 100 g di farina 00, olio extravergine d'oliva, 15 g di lievito di birra fresco, 50 g di mozzarella, 50 g di pomodorini, 1 piccola zucchina, 3 cucchiai di parmigiano grattugiato, sale, zucchero

Mescolare le farine con 1 cucchiaino scarso di sale e 1 cucchiaino di zucchero, unire 2 cucchiai d'olio e il lievito diluito in mezzo bicchiere d'acqua tiepida. Impastare, aggiungendo man mano altra acqua (circa un bicchierino), fino a ottenere un composto non troppo sodo. Lavorarlo per 10 minuti finché non è diventato liscio ed elastico, poi lasciarlo lievitare per 1 ora e mezzo. Stendere l'impasto in un rettangolo spesso circa 1,5 cm. Distribuirvi la mozzarella spezzettata, i pomodorini tagliati a metà, la zucchina grattugiata e il parmigiano. Lasciar lievitare per altri 30 minuti, poi infornare a 220 °C per circa 20 minuti o finché la pizza è diventata gonfia e dorata.

pizza in libertà

Partendo dalla pasta per pizza (stessa ricetta, metà farina 00 e metà farina integrale), preparo dei praticissimi calzoncini da asporto (per il picnic al parco, il pomeriggio di shopping...). Si divide l'impasto in 8 porzioni e si farcisce con, a scelta, broccoli e prosciutto cotto; spinaci, trota e ricotta; carne tritata saltata in padella e mescolata con un po' di purè di patate...

oltre la farina OO

un plurale benefico

Numerosi studi scientifici dimostrano quanto gli ingredienti eccessivamente raffinati facciano sostanzialmente male all'organismo. La farina OO è fra questi, e sarebbe quindi un'abitudine buona e sana usarla un po' di meno per vivere meglio. Dato che le alternative, in realtà, sono tante, e offrono anche un bel ventaglio di sapori, perché non iniziare a diversificare da piccolini?

la farina integrale e i suoi fratelli

Bisogna innanzitutto riscoprire la farina integrale che, volendo, potete sempre "tagliare" con farine che non siano la famigerata 00. Le possibilità sono moltissime: dalla farina di farro, dal leggero sapore di frutta secca, a quella di grano saraceno, superlativamente rustica nella pasta e nelle crespelle, passando per quelle di avena o di orzo, di legumi o di riso, ogni farina naturale offre sapori, nutrimenti e consistenze nuove tutte da scoprire. Salute significa semplicemente variare il più possibile.

segale / kamut / orzo / avena / grano / mais / riso

la 00 sott'accusa

La farina 00 è raffinata in modo industriale e sbiancata chimicamente. Di conseguenza, è stata totalmente depauperata delle sue sostanze nutritive ed è ricca di residui chimici. Per rendere la vostra alimentazione più sana, pensate quindi a un'alternativa...

143

Ecco un piatto che a golosità ha poco da invidiare alle altre polpette: la crosticina croccante, l'interno morbido e un adeguato condimento di formaggio ed erbe fanno quasi scordare quanto siano sane...

polpette di quinoa e cannellini

100 g di quinoa, 1/4 di cipolla rossa, 1 piccola zucchina o 1 decina di funghi o 1 carota, olio extravergine d'oliva, 1 rametto di timo fresco, 100 g di fagioli cannellini già cotti, 2 cucchiai di parmigiano grattugiato, origano secco

Sciacquare la quinoa e cuocerla in circa 200 g d'acqua fino a quando questa sarà stata assorbita. Spegnere, coperchiare e lasciar riposare per 15 minuti. Nel frattempo tritare finemente la cipolla e le altre verdure che avete scelto di usare e farle appassire in padella a fuoco medio-basso con un goccio d'olio, 1 cucchiaio d'acqua e il timo; a cottura ultimata, eliminare il timo e tenerle da parte. Schiacciare grossolanamente i cannellini, aggiungere la quinoa, le verdure, il formaggio, un'idea di origano e mescolare bene il tutto. Se l'impasto risultasse troppo umido, aggiungere 1 cucchiaio di farina. Formare infine le polpette, sistemarle su una teglia rivestita con carta forno e cuocere a 180 °C per 20 minuti o finché non hanno formato una leggera crosticina dorata. Servire tiepide. Dose per circa 20 polpette.

la quinoa, questa sconosciuta

Pur non essendo un cereale (appartiene alla famiglia degli spinaci), la quinoa può sostituire i cereali in minestre, insalate, zuppe ecc. Ricca di proprietà nutritive, è un'ottima fonte di proteine vegetali e grassi insaturi, il che la rende molto amata dai salutisti. È facile da cuocere e i suoi minuscoli chicchi morbidi sono piacevoli da mangiare, dettaglio che ovviamente non sfugge ai bambini...

Il risolatte che mangiavo da bambina
era pieno di zucchero.
E poiché, senza voler estremizzare,
cercavo una ricetta differente e più sana,
ne ho fatta una versione al miele...

risolatte con mandorle e miele

150 g di riso Arborio, 1 l di latte di mandorle bio (possibilmente a basso contenuto di zucchero), 1 cucchiaino di estratto di vaniglia naturale, 1 punta di cannella in polvere, 3-4 cucchiai di miele millefiori

Versare il riso in un pentolino, aggiungere 1 bicchiere di latte di mandorle, la vaniglia e la cannella e portare a ebollizione. Proseguire la cottura a fuoco medio-basso, aggiungendo via via altro latte e mescolando regolarmente, un po' come se fosse un risotto. Dopo circa 40 minuti, o quando il riso è giunto a cottura, spegnere, aggiungere il miele mescolando bene e lasciar riposare per una decina di minuti. Versare il risolatte in coppette individuali. Servire tiepido o freddo. Dose per 8 porzioni.

le 50 sfumature del risolatte

Sembra un dolce semplice e poco trasformista, e invece... aggiungete 2 cucchiai di tè matcha; usate metà latte e metà latte di cocco per un risolatte esotico (e mescolatelo con microdadini di ananas a fine cottura); servitelo con 1 cucchiaio di coulis di frutta (mango, fragola, mosto cotto...); zuccheratelo con sciroppo d'acero e aggiungete dadini di mela caramellata; fateci sciogliere dadini di pain d'épices...

amo sfornare dolcetti

E ovviamente ho voluto condividerne qualcuno anche con mia figlia. Questa è una ricetta non troppo dolce e piuttosto sana, ottima da servire a merenda per la gioia dei piccolini (e dei grandi!).

muffin con banane e lamponi

200 g di farina 00, 100 g di farina integrale, 100 g di zucchero di canna, 50 g di fiocchi d'avena, 1 cucchiaio di lievito per dolci, 1 cucchiaio di bicarbonato, 2 banane mature, 260 ml di latte fermentato (latticello o buttermilk), 2 uova, 120 g di lamponi

Tenere da parte 1 cucchiaio di fiocchi d'avena e 1 cucchiaio di zucchero (serviranno per decorare i muffin prima di infornarli). Unire le farine allo zucchero e ai fiocchi d'avena rimanenti, al lievito e al bicarbonato. In un'altra ciotola schiacciare le banane e mescolarle al latte sbattuto con le uova. Unire i due composti (quello liquido e quello secco), senza amalgamare troppo. Aggiungere i lamponi, dare un'ultima mescolata e versare l'impasto in 12 stampini da muffin, decorando ognuno con i fiocchi e lo zucchero tenuti da parte. Infornare a 180 °C per circa 25 minuti o finché i muffin non sono diventati dorati.

il latte fermentato

È un prodotto in cui il lattosio fermenta sotto l'effetto dell'acido lattico, dal sapore acidulo. È ottimo nella preparazione dei dolci, che rende più leggeri e lievitati, e ormai si trova abbastanza facilmente nei supermercati. Se non lo trovate, cercatelo nei negozi d'alimentari mediorientali o nelle drogherie ben fornite. Potete anche sostituirlo con una miscela di metà yogurt intero e metà latte.

lo zucchero sfatato

addio allo zucchero?

Sebbene ci siamo tutti cresciuti, lo zucchero bianco è un
ingrediente estremamente raffinato (subisce molti passaggi
e processi chimici prima di diventare così come esce dalla
bustina) e non fa molto bene, perché non porta né elementi
nutritivi né benefici all'organismo. Cosa si può fare?
Usare lo zucchero bianco con parsimonia e integrare
con zuccheri naturali, più blandi e più sani.

Zucchero

dolcificante di sintesi: vade retro!

E mentre lo zucchero bianco raffinato è sempre
più stigmatizzato, conviene tenerci altrettanto
alla larga dai dolcificanti di sintesi come, ad esempio,
l'aspartame, la saccarina o l'acesulfame K.
Al di là dei dubbi periodici sulla loro capacità
di causare tumori o altre malattie, non aiutano
certo a disabituare al sapore eccessivamente dolce.

le alternative

Da segnalare, innanzitutto, lo zucchero di canna integrale (si riconosce dall'aspetto scuro e umido, contiene melassa), poi il miele, lo sciroppo d'acero e la stevia, di recente commercializzazione. Spostandoci nei supermercati biologici, si trovano il succo di mela o d'uva (mosto), lo sciroppo di agave e i vari "malti" (d'orzo, ma anche di riso e di mais). Ognuno di questi prodotti ha un sapore caratteristico, da abbinare al sapore di ciò che preparate...

*A volte, quando rientravo da scuola,
la casa intera profumava: una golosa piccola
torre di crespelle attendeva sul tavolo.
Era l'ora della merenda... Le crespelle sono
un ricordo indelebile della mia infanzia,
come non volerlo condividere?*

crespelle ripiene di pere grattugiate

150 g di farina di farro, 1 cucchiaio di zucchero di canna grezzo, 1 uovo, 1 bicchiere di latte, 2 cucchiai di yogurt, 10 g di burro, 3 pere, 1 presa di cannella in polvere

Versare la farina in una ciotola capiente, unire lo zucchero, l'uovo, il latte e lo yogurt. Lavorare con la frusta aggiungendo via via altro latte fino a ottenere un composto piuttosto liquido. Sciogliere un fiocchetto di burro in una piccola padella antiaderente, poi versarvi un mestolino di pastella, cuocendo la crespella su entrambi i lati. Procedere allo stesso modo fino a esaurimento del composto. Sbucciare e grattugiare le pere e condirle con la cannella. Sistemare al centro di ogni crespella 1 cucchiaio di pera grattugiata, poi ripiegarne i bordi sul ripieno e arrotolarla in modo da ottenere un involtino. Procedere allo stesso modo con tutte le crespelle. Sono ottime tiepide o fredde. Dose per circa 10 crespelle.

crespelle party

Le crespelle sono una merenda perfetta, semplice e nutriente, e anche un ottimo pretesto per riunire un po' di amici intorno a un tavolo in modo informale. Preparatene "un quintale" e servitele "nature" proponendo miele, marmellate, crema di cioccolata e frutta fresca a parte. Lasciate che ciascuno condisca a piacere la sua crespella: i bambini ne saranno estasiati e gli adulti, pure...

cremine al malto e vaniglia

7 dl di latte fresco intero (preferibilmente bio), 25 g di amido di mais, 1 baccello di vaniglia, 3 cucchiai di malto d'orzo

Tenere da parte 1 bicchierino di latte e sciogliervi l'amido di mais. Mettere nel latte rimanente il baccello di vaniglia (aperto a metà per il lungo e da cui avrete prelevato i semini, anch'essi da aggiungere al latte) e porre sul fuoco. Al momento dell'ebollizione, eliminare il baccello di vaniglia e aggiungere il latte freddo con l'amido e il malto d'orzo. Mescolare bene con la frusta per qualche minuto su fuoco basso fino a quando la crema è addensata. Versare in 4/6 vasetti individuali e lasciar raffreddare completamente prima di servire.

il malto

Vi sembra forse di non conoscerlo, eppure probabilmente l'avete già bevuto sotto forma di nota bevanda svizzera al cacao. Il malto d'orzo si ottiene dalla cottura del malto germinato, si presenta come uno sciroppo ed essendo ricco di maltosio è un dolcificante naturale, da usare al posto dello zucchero. Ha inoltre un sapore caratteristico che si sposa benissimo alla pastosità vanigliata di queste cremine.

mangiare insieme
da 24 mesi a 99 anni

mangiare è un atto conviviale

Dall'età di due anni circa il vostro piccolino non è più esattamente un bebè: probabilmente possiede già un vocabolario abbastanza ricco per farvi capire le sue necessità, ormai si muove liberamente, esplora, si interroga e cresce a un ritmo che non sembra conoscere tregua. Sul versante alimentare il vostro bimbo sta ancora esplorando: alternerà periodi di predilezione per questo o quell'ingrediente, periodi di poco appetito e periodi di fame galattica: è normale. Ormai potete smettere di preparare cibi solo ed esclusivamente per lui e aggiungere un piatto a tavola per servirgli ciò che mangia il resto della famiglia. Per il piccolino, come per gli altri familiari, si tratterà di comporre menu equilibrati e nutrienti, tenendo sempre conto delle 5 porzioni di frutta e verdura quotidiane e del rapporto fra glucidi (per la maggior parte carboidrati, ma anche zuccheri), lipidi (i grassi, meglio se polinsaturi come l'Omega-6 e l'Omega-3, che si trovano rispettivamente nell'olio d'oliva e nel pesce; i grassi saturi, invece, fanno alzare il colesterolo e si trovano in formaggio, uova, carne e oli vegetali utilizzati nei prodotti industriali) e proteine (di origine animale o vegetale). Tale rapporto dovrebbe essere di 4:2:1 (glucidi:lipidi:proteine).

Da "mamma che lavora" ho notato che risulta facile proporre regolarmente le stesse pietanze (non fatevene una colpa e non meravigliatevi se, dopo una giornata stressante e piena di occupazioni, tornando a casa non avrete voglia di lanciarvi in sfrenate attività culinarie), ma ho anche capito che, per quanto i bimbi possano avere dei piatti preferiti, se questi si ripetono troppo spesso si corre il rischio overdose. Un po' di sana alternanza quindi è consigliabile, magari introducendo varianti nei piatti di sempre e, ogni tanto, proponendo qualche novità clamorosa (e non bisogna davvero essere un genio creativo per farlo... per esempio: è inverno e avete un po' di nostalgia delle vacanze in Spagna della scorsa estate? preparate una paella bella gialla di zafferano, ricca di crostacei e frutti di mare, e porterete il buon umore a tavola). Così facendo romperete con una sorpresa la routine alimentare e stimolerete la curiosità e la scoperta di sapori nuovi o diversi.

un piatto da piccoli gourmet
*Ecco una valida alternativa
ai bastoncini industriali. Se tuttavia
l'impanatura di frutta secca non vi piace,
tornate al buon vecchio pangrattato,
o provate il panko giapponese.*

bastoncini di pesce spada ai pistacchi

400 g di pesce spada, 1 albume, 100 g di pistacchi non salati, 2 cucchiai di farina, 2 arance, 1 cucchiaino di miele, olio extravergine d'oliva

Tagliare il pesce spada a bastoncini (cm 2 x 8 x 1,5). Sbattere leggermente l'albume e tritare grossolanamente i pistacchi. Passare uno per uno i pezzi di pesce nell'albume, poi nei pistacchi tritati, premendo bene per farli aderire su tutti i lati. Scaldare un filo d'olio in una padella antiaderente e far dorare i bastoncini a fiamma medio-alta. Tenerli da parte su carta da cucina. Scaldare 1 cucchiaio d'olio in un pentolino, aggiungere la farina amalgamando bene e cuocere per 1 minuto. Versare il succo delle arance e, con la frusta, mescolare a fiamma alta per 1 o 2 minuti finché la salsa non si addensa. Spegnere, aggiungere il miele e mescolare, poi servire i bastoncini con la salsa a parte. Dose per 4 porzioni.

quale pesce nei bastoncini?

Quelli in commercio sono di merluzzo e se volete copiarli passate per due volte il pesce nell'uovo sbattuto e nel pangrattato, cui avrete aggiunto un pizzico di paprika. Potete anche variare il tipo di pesce: rana pescatrice, ricciola o spada vanno benissimo. Ricordatevi però che lo spada non andrebbe mangiato da bimbi piccoli e donne incinte per l'alta concentrazione di mercurio spesso presente nelle carni dei predatori.

ve lo do io il cibo industriale

una legge inconfutabile

È assodato che ai bimbi piacciono i cibi industriali. Dalle patatine fritte ai bastoncini di pesce, alle crespelle farcite e impanate, alle pizzette da passare al microonde, sono pochi i piccoli che non amano ciò che esce dalle cucine dei grandi gruppi alimentari. Nulla vieta di consumarne con moderazione, tenendo però conto che il più delle volte questi preparati non sono esattamente conformi all'idea di cibo sano e nutriente...

Mamma Production

industriale vs genuino?

Bisogna ricordare che il gusto è una
questione di educazione: chi cresce
con sapori buoni e naturali è sicuramente
meno incline a una conversione al trash
food. Ma è anche naturale che il cibo
sia fonte di curiosità, quindi forse
è meglio evitare il veto assoluto sui prodotti
industriali. Abbiamo già visto che alcuni
di questi si possono "imitare" a casa
(il ketchup, per esempio, ma anche
le pizzette, i bastoncini e persino la crema
spalmabile alla nocciola), pertanto perché
non lasciare che l'esplorazione dei cibi
prosegua proponendo, senza imporle,
anche alternative "sane"?

le crespelle di grano saraceno
*Tipicamente bretoni, sono prive di glutine
e quindi molto sane. Per questo motivo
ci si può sbizzarrire con i ripieni più fantasiosi.*

crespelle di grano saraceno ripiene di cavoletti e fontina

300 g di farina di grano saraceno, 1 uovo, 1/2 cucchiaino di sale, 30 g di pancetta a fettine sottili, 1 cipollotto fresco, 300 g di cavoletti, 1 dl di panna fresca, 70 g di fontina, burro, sale, pepe

Mescolare la farina con l'uovo, il sale e circa 50 cl d'acqua fino a ottenere una pastella piuttosto liquida. Coprire e lasciar riposare per 2 ore. Pulire i cavoletti, tagliarli a metà e sbollentarli. In una padella, dorare la pancetta tagliata a listarelle, aggiungere il cipollotto e infine i cavoletti sbollentati. Lasciar insaporire, aggiungere la panna, cuocere altri 2 minuti e spegnere. Salare e pepare. Infine, sciogliere un fiocchetto di burro in una padella antiaderente, versare un mestolino o poco più di pastella e far cuocere la crespella su entrambi i lati. Procedere fino all'esaurimento del composto. Farcire ogni crespella con 2 cucchiai di cavoletti, completare con dadini di fontina e servire. Dose per 4 porzioni.

la "galette bretonne"

Si può farcire in mille modi e l'unico limite è quello della fantasia. Le versioni più semplici sono prosciutto cotto e formaggio o prosciutto cotto e uovo intero (in questo caso si condisce la "galette" mentre è ancora nella padella e si lascia cuocere l'uovo), fino a preparazioni più "internazionali": salmone affumicato con uova strapazzate, pomodoro, mozzarella e basilico o petto di anatra affumicato...

seducenti tortine
Piaceranno anche agli avversari del pesce
e sono ideali per riciclare qualsiasi
avanzo di filetto già cotto. In versione
mignon sono perfette per l'aperitivo.

tortine di salmone, porri e patate

4-5 patate, 1 porro, 450 g di filetto di salmone cotto, 1 uovo, 1 limone bio, 1 cucchiaino di senape all'ancienne, prezzemolo, 1 cucchiaio di farina, pangrattato, olio extravergine d'oliva, sale, pepe

Cuocere le patate con la buccia. Affettare sottilmente il porro e farlo rinvenire in un tegame insieme a un filo d'olio, lasciarlo appassire per 5 minuti, poi spegnere. Quando le patate sono cotte, scolarle, lasciarle raffreddare, poi sbucciarle e schiacciarle. Aggiungere il salmone a pezzettini, il porro, l'uovo, 1 cucchiaino di buccia di limone grattugiata, la senape, 1 cucchiaio di prezzemolo tritato, sale e pepe. Mescolare bene e incorporare la farina. Con le mani bagnate, formare delle tortine, passarle nel pangrattato e farle dorare in padella con un filo d'olio. Dose per circa 12 tortine.

pesci golosi

Queste tortine sono anche ottime se preparate con il merluzzo o il baccalà, e persino con la polpa di granchio o di aragosta. Per dar loro un po' più sapore potete aggiungere all'impasto 1 cucchiaio di capperi tritati o, per la variante al salmone, aneto o finocchietto selvatico. Per una versione più leggera fate cuocere le tortine al forno, condite con un goccio d'olio.

una ricetta coccolosa
e nutriente

Il risotto è un ottimo piatto unico per l'inverno.
In più si presta a mille varianti, in funzione
delle disponibilità di stagione e delle proprie voglie.

risotto con broccoli, gamberi e zafferano

16 gamberoni, 1 cipolla, 1 carota, 1 pezzo di sedano, 30 g di burro, 250 g di riso Arborio, 1 broccolo, una punta di zafferano, 40 g di parmigiano

Sgusciare i gamberoni e tenere da parte le teste. Mettere queste ultime in una pentola con mezza cipolla, la carota, il sedano, coprire con 1 l di acqua e portare a ebollizione. Tritare l'altra mezza cipolla e farla rinvenire con metà del burro. Aggiungere il riso, farlo tostare, poi versare un mestolo del brodo di gamberi. A metà cottura, aggiungere le cimette di broccolo grossolanamente tritate, i gamberoni tagliati a pezzettini e lo zafferano. Portare a cottura e mantecare con il resto del burro e il parmigiano. Dose per 4 porzioni.

l'abc del risotto

Un paio di regole basiche: per tostare bene il riso, fatelo scaldare fino a quando è talmente caldo che non riuscite quasi più a toccarlo con le dita; per sfumare generalmente si usa il vino, ma se dovete cucinare per i bambini piccoli sfumate con il brodo, che dovrà essere ben caldo e saporito. E ricordatevi che quello fatto in casa e al momento è davvero un'altra cosa.

un piatto scaldacuore

*Esiste qualcosa che scalda il cuore
(e lo stomaco) in una fredda giornata
d'inverno? Sì, una bella ciotola di zuppa
cremosa e piena di piccole morbide polpette!*

crema di pomodoro
con polpettine

1 spicchio d'aglio, 1/2 cipolla rossa, 1 carota, 1 gambo di sedano, 400 g di pomodori pelati (o freschi, se è stagione), 1/2 cucchiaino di paprika affumicata, 1 patata, 150 g di manzo macinato, 1 cucchiaio di parmigiano grattugiato, 1 presa di cannella, pangrattato, 5 cl di panna fresca, sale, pepe, olio extravergine d'oliva

Scaldare 1 cucchiaio d'olio in un pentolino e soffriggere a fiamma bassa l'aglio e la cipolla, la carota e il sedano tagliati a cubetti. Aggiungere i pomodori, condire con la paprika, poi coprire d'acqua e portare a ebollizione. Aggiungere la patata sbucciata e tagliata a pezzetti e cuocere per 20 minuti. Impastare la carne con il parmigiano, la cannella e poco pangrattato. Formare delle polpettine. Quando la zuppa sarà cotta, frullarla e rimetterla sul fuoco. Unire le polpettine e cuocere per 5 minuti. Spegnere, aggiungere la panna e aggiustare di condimento. Dose per 4 porzioni.

creme cremosissime

Le creme – o passati – al contrario del minestrone non sono propriamente di tradizione italiana, ma piacciono generalmente a tutti e sono molto nutrienti. Per dare maggiore densità a queste creme si usa aggiungere una patata, mentre il tocco vellutato finale si ottiene grazie alla panna, che potete anche sostituire con un tuorlo sbattuto in poco latte.

*una variante semplicissima
del pesto trapanese*
Con i pistacchi al posto delle mandorle
nasce un pesto profumato e goloso:
una perfetta preparazione estiva.

penne con pesto di pistacchi

100 g di pistacchi tostati non salati, 200 g di pomodorini maturi, una decina di foglioline di basilico, 1 spicchio d'aglio, 1/2 bicchiere d'olio extravergine d'oliva, 300 g di penne, ricotta salata, sale

Frullare (o pestare nel mortaio) i pistacchi insieme ai pomodorini, il basilico, lo spicchio d'aglio e una presa di sale. Incorporare man mano l'olio, fino a ottenere un composto denso e pastoso. Cuocere la pasta in abbondante acqua salata, scolarla al dente, trasferirla in un'insalatiera e condire con il pesto. Mescolare bene, e servire con una generosa grattugiata di ricotta salata (o affumicata). Dose per 4 porzioni.

pesto multitasting

Ottimo nella pasta, è anche indicato per molti altri usi: si può utilizzare per condire insalate di grano, per insaporire minestre d'orzo, oppure si può spalmare nel panino a fare compagnia a una generosa fetta di primosale e un po' di lattuga croccante. Altrimenti ecco un'altra idea per utilizzarlo: spennellatelo su un rettangolo di pasta sfoglia, tagliate la pasta a listarelle, attorcigliatele e cuocetele in forno.

è ora di cena!

*A volte capita che arrivi l'ora di cena e ancora
non si abbia la minima idea di cosa preparare.
Ma basta un giro in dispensa...*

spaghetti della dispensa

350 g di spaghetti, 1 scatoletta di pesce (tonno o, meglio, sardine o filetti di sgombri sott'olio), 2 cucchiai di capperi sotto sale, 2 cucchiai di olive nere snocciolate, una decina di foglioline di basilico, 2 rametti di prezzemolo, 1 limone, origano secco, 2 cucchiai di parmigiano grattugiato, una decina di pomodorini (facoltativi), olio extravergine d'oliva, sale, pepe

Mettere a cuocere gli spaghetti in abbondante acqua salata. Scolare il pesce dall'olio e versarlo in una ciotola capiente. Tritare i capperi dissalati, le olive, il basilico e il prezzemolo e aggiungerli al pesce insieme alla buccia grattugiata del limone e 2 cucchiai del suo succo, una presa di origano secco, il parmigiano, il sale, il pepe e l'olio. A piacere, aggiungere i pomodori tagliati a dadini. Scolare la pasta e trasferirla nella ciotola con il condimento mescolando bene. Lasciar riposare qualche minuto e servire. Dose per 4 porzioni.

tonno in trappola

Il tonno in scatola è un prodotto molto amato in Italia ma la sua pesca, specialmente della specie "pinne gialle", è intensiva, danneggia spesso e volentieri l'ambiente marino, oltre che portare a rischio di estinzione questo pesce. Meglio privilegiare quindi quelle poche aziende che propongono un prodotto sostenibile (Greenpeace offre un ottimo report annuale al riguardo), o utilizzare il pesce azzurro.

ma è proprio vero che fanno male?

*No, gli hamburger possono essere
sani, equilibrati e decisamente buoni!
Basta poco, basta farli in casa
e non ci vuole nemmeno molto tempo...*

cheeseburger maison

400 g di carne di manzo macinata, 1 uovo, pangrattato, senape all'ancienne, ketchup (fatto in casa, v. p. 186), 4 fettine di formaggio giovane, 1 pomodoro, 8 foglie di lattuga, olio extravergine d'oliva, sale e pepe, 8 piccoli panini per hamburger

Impastare la carne con l'uovo e 1 o 2 cucchiai di pangrattato, condire con sale e pepe (l'insieme non deve risultare secco). Formare 8 piccoli hamburger e cuocerli in padella con un filo d'olio. Tagliare ciascun panino a metà e spalmarne una con un tocco di senape, l'altra con un tocco di ketchup. Aggiungere a ogni panino un hamburger caldo, mezza fettina di formaggio, 1 fetta di pomodoro e 2 foglie di lattuga. Chiudere e servire. Dose per 8 piccoli hamburger.

panini per hamburger

Sciogliere 20 g di lievito di birra fresco in 180 ml di acqua, versare 450 g di farina. Aggiungere 1 uovo, 20 g d'olio extravergine d'oliva, 25 g di zucchero e 5 g di sale e impastare per 10 minuti. Lasciar lievitare per 1 ora e mezzo. Dividere in 12 porzioni, formare i panini, spennellare con 1 tuorlo diluito con poco latte e cospargere con semi di sesamo. Lasciar lievitare per 30 minuti, poi cuocere a 180 °C per 20 minuti.

hamburger & friends

Da tempo gli hamburger godono di una brutta fama
(si veda anche il film-documentario *Super Size Me*, 2004).
Ma, più dell'hamburger, forse i cattivi da punire sono le bibite
zuccherate, i fritti e le salse unte che solitamente fanno
da contorno all'hamburger stesso. Se da una parte i fast food
sono forse fra i primissimi luoghi che il vostro piccolino
frequenterà, dall'altra potete sempre fare come un mio amico:
qualche giorno dopo esserci stato, proponeva hamburger fatti
in casa a sua figlia. È stata lei a decretare che erano molto
più buoni di quelli del fast food.

il burger buono

In realtà c'è poco da demonizzare. L'hamburger è in sostanza un
panino farcito di bistecca e fatto in casa può essere un pasto più
che onorevole: scegliete un pane a lievitazione naturale, o fatelo voi,
confezionate un hamburger a base di manzo bio, aggiungete un po'
di lattuga, qualche fetta di pomodoro, un goccio di ketchup fatto in
casa, magari un tocco di senape, e voilà! Il pasto completo è servito...

il burger frivolo

Volete preparare un hamburger più intrigante? Ispiratevi ai burger americani: aggiungete fettine di avocado e un ciuffo di germogli sopra l'insalata; sostituite il ketchup con un generoso cucchiaio di aioli al rosmarino (altro che maionese!); aggiungete 2 fettine di bacon croccante sulla carne, oppure sostituite il manzo con agnello speziato e condite il tutto con hummus e cetrioli. Una vera delizia!

il mio polpettone
Questa ricetta è entrata nel mio repertorio
culinario quando ero diventata mamma
da poco e facevo davvero fatica
a cucinare anche le cose più semplici.
Piace persino a mia figlia...

polpettone con ricotta, cannella e limone

400 g carne di manzo macinato, 100 g di ricotta, 4 fette pane integrale raffermo, 40 g di parmigiano grattugiato, cannella, 1 limone bio, pangrattato, 4 patate, olio extravergine d'oliva, latte intero, sale, pepe

Impastare la carne tritata con la ricotta, il pane ammollato nel latte e strizzato, il parmigiano, un'idea di sale, una punta di cannella e una punta di buccia di limone grattugiata. Aggiungere 1 o 2 cucchiai di pangrattato, formare un polpettone, sistemarlo in una teglia da forno, condire con un filo d'olio e uno spruzzo di succo di limone, e infornare a 190 °C per 1 ora. Aggiungere qualche cucchiaio di acqua durante la cottura.

Per il purè: far cuocere le patate con la buccia in acqua bollente leggermente salata. Sbucciarle e schiacciarle, incorporando 1 cucchiaio d'olio e 1 bicchiere di latte.

stesso tema, ingredienti diversi

Aggiungete all'impasto una manciata di pistacchi e 30 g di mortadella tritata; oppure eliminate del tutto la cannella e il limone e sostituiteli con 50 g di formaggio tipo fontina tagliato a cubetti; potete anche aggiungere 1 zucchina e 2 carote grattugiate. Avvolgete il polpettone con sottili fettine di bacon prima di infornarlo, o formate delle grosse polpette da farcire con un cubetto di mozzarella.

Questo stufato, oltre a piacere a tutti,
richiede un tempo di preparazione minimo:
mentre cuoce, potete fare altro.

tajine di agnello con prugne, mandorle e cannella

2 cipolle rosse, olio extravergine d'oliva, 600 g di polpa di agnello a cubetti, 2 spicchi d'aglio, 1 pezzetto di zenzero fresco (circa 1 cm), 2 bastoncini di cannella, 1 cucchiaino di miscela ras el-hanout (o di cumino), 200 g di prugne secche snocciolate, 1 cucchiaino di miele, 100 g di mandorle non spellate, sale, pepe

Affettare sottilmente le cipolle e soffriggerle in una casseruola con un filo d'olio. Aggiungere la carne facendola dorare, poi l'aglio e lo zenzero tritati finemente e le spezie. Coprire a filo con acqua, salare e pepare. Unire le prugne, coperchiare e lasciar cuocere a fiamma bassa per 1 ora e mezzo/2 ore, fino a quando la carne è diventata tenerissima. A fine cottura aggiungere il miele, mescolare e spegnere. Aggiustare di condimento. Infine, cuocere le mandorle per qualche minuto in una padella antiaderente con un goccio d'olio; versarle sulla carne e servire con couscous. Dose per 4 porzioni.

la tajine

La tajine andrebbe cotta in forno, nel tradizionale piatto di terracotta dal coperchio conico; funziona però altrettanto bene la cocotte di ghisa collocata su fiamma minima. "Ras el-hanout" significa "il meglio del negozio" ed è una miscela marocchina molto complessa, spesso composta di decine di spezie diverse. Si trova nelle drogherie e, ormai, anche nei supermercati più forniti.

gustoso ed economico

Questo è un piatto da mangiare con le mani e da leccarsi i baffi. Potete seguire la stessa ricetta usando mezzo pollo tagliato a pezzi.

alette di pollo glassate con limone e miele

500 g di alette di pollo tagliate a pezzi, 1 limone bio, 1 cucchiaio di miele millefiori, 1 cucchiaio d'olio di sesamo, 1 cucchiaio d'olio extravergine d'oliva, 2 cucchiai di salsa di soia, 1 spicchio d'aglio, timo, origano, sale, pepe

Sistemare il pollo in una ciotola, aggiungere la buccia grattugiata del limone e il suo succo, il miele, l'olio di sesamo e quello d'oliva, la salsa di soia e l'aglio tagliato a fettine. Condire con una presa di timo e origano essiccati, sale e pepe. Mescolare bene e lasciar riposare per 30 minuti. Passato questo tempo mettere il pollo in una teglia e cuocere in forno a 200 °C per circa 30 minuti o finché il pollo è diventato dorato. Dose per 4 porzioni.

marinatura "appiccicosa"

Questa marinatura si presta molto bene anche per la preparazione delle carni (di maiale e pollo) da far cuocere al barbecue (nel qual caso vanno sgocciolate prima di metterle sulla griglia e spennellate con la marinatura rimanente durante la cottura). Per variare un po' potete sostituire il limone con 2 lime, aggiungere 1 peperoncino dolce o 1 cucchiaio di semi di sesamo e servire con riso Basmati.

come in un fast food...
Questi bocconcini assomigliano un po' ai loro lontanissimi cuginetti dei fast food, ma sono molto più sani e anche più saporiti: un'ottima alternativa al petto di pollo grigliato.

bocconcini di pollo in crosta di cornflake

500 g di petto di pollo, 250 ml di latticello (o yogurt naturale), 1 cucchiaino di paprika in polvere, 1 cucchiaino di cumino in polvere, 1 spicchio d'aglio, 100 g di cornflake non zuccherati, olio extravergine d'oliva, sale

Tagliare il petto di pollo a fettine larghe 1,5 cm e sistemarle in una ciotola. Versare il latticello, le spezie, aggiungere lo spicchio d'aglio schiacciato e condire con poco sale. Mescolare bene e lasciar riposare per 30 minuti. Passato questo tempo, sgocciolare le fettine di pollo e premerle bene nei cornflake precedentemente sbriciolati. Sistemare i bocconcini in una teglia, condire con un filo d'olio e infornare a 180 °C per circa 25 minuti. Servire con una salsa allo yogurt o con ketchup fatto in casa. Dose per circa 12 bocconcini.

ketchup fatto in casa

Lavare e tagliare a pezzi 6 pomodori, 1 peperone rosso, 1 mela e 1 pera, senza eliminare il torsolo e la buccia della frutta. Sistemare il tutto in un pentolino, poi aggiungere 50 g di aceto bianco, 30 g di zucchero, 10 g di sale e 30 g di senape. Lasciar cuocere lentamente per 1 ora e mezzo/2 ore (a fine cottura dev'essere rimasto pochissimo liquido). Passare il tutto al colino, versare in un barattolo e conservare al fresco.

il diavolo veste fritto

cibo diabolico?

Il fritto, pur con la sua incredibile capacità di piacere a tutti, viene spesso demonizzato da chi predica diete ed evitato da chi intende conservare la linea. In realtà però, se fatto bene, esso non perde le sue proprietà nutritive e non è affatto nocivo per l'organismo.

quello buono

Come si fa? Le regole sono poche e semplici. Innanzitutto, in materia d'olio, meglio scegliere quello extravergine d'oliva o quello di arachidi, che reggono meglio le alte temperature senza decomporsi in elementi dannosi, cosa che invece accade con gli oli ricchi di grassi polinsaturi.
La temperatura dev'essere di 180 °C e deve mantenersi costante. Infine, meglio friggere in abbondante olio pezzi piccoli e pochi per volta (se sono troppi faranno abbassare la temperatura).

In questo modo gli alimenti non si inzupperanno d'olio ma, sigillati nella pastella che si sarà chiusa sotto l'azione dell'alta temperatura, cuoceranno nel loro vapore, senza perdere elementi nutritivi.

il fritto no!

Se per caso doveste decidere di evitare comunque le fritture, ricordatevi che la cottura al forno non significa per forza ottenere un risultato meno stuzzicante: si possono creare gustosissime impanature non fritte usando per esempio i cornflake sbriciolati o il panko, il croccantissimo pangrattato giapponese.

un'idea sempre vincente

*Non solo sono belle e scenografiche,
ma sono anche buone e,
soprattutto, sono verdure!
Un'ottima soluzione, quindi, per un pasto
particolare completo ed equilibrato.*

peperoni ripieni di quinoa e manzo

180 g di quinoa, 1 cipolla rossa, 100 g di manzo macinato, paprika, 2 pomodori maturi, menta, prezzemolo, 4 peperoni, olio extravergine d'oliva, sale

Versare la quinoa in un pentolino insieme a 500 ml di acqua. Portare a ebollizione, coprire e lasciar cuocere per 15 minuti a fiamma bassa. Far soffriggere la cipolla tritata con un filo d'olio, aggiungere la carne, una punta di paprika e poco sale. Mescolare infine la quinoa e la carne cotta. Aggiungere il pomodoro tagliato a dadini e 2 cucchiai di menta e prezzemolo tritati. Tagliare il cappello dei peperoni, farcirli con la quinoa condita, chiudere, condire con un filo d'olio e infornare a 180 °C per 45 minuti. Servire tiepidi insieme a una bella insalata croccante. Dose per 4 porzioni.

i mille volti delle verdure ripiene

Partendo da questa ricetta potrete inventarne molte altre: sostituite la quinoa con riso, bulghur o couscous, sostituite il manzo con petto di pollo sminuzzato o con soia granulare. Potete anche eliminare del tutto la carne e sostituirla con erbe aromatiche e formaggio a piacere. Infine, al posto dei peperoni usate zucchine tonde, cipolle rosse o piccole melanzane.

stupire con effetti speciali

magie quotidiane

Innanzitutto va detto che i bambini
hanno la grande capacità di meravigliarsi
davanti alle cose belle di ogni giorno,
accogliendo con un "Oohh!" stupito
il piatto che appare a tavola: cavolfiori
gratinati e dorati, una lussuriosa teglia
di pasta al forno o una montagnetta
di polpette di melanzane.

cibi giocosi

Sempre per i piccolini, si rivela spesso utile – e poco impegnativo –
l'approccio ludico: servite minifrittatine cotte in stampi da muffin in
silicone; trasformate il petto di pollo in uno spiedino mini da sgranocchiare, proponete crostini di pane con una salsina da intingere
(l'hummus è perfetto), preparate un'insalata di frutta fatta di tante
palline (realizzate con l'apposito attrezzo).

giapponeserie

Per i bambini più grandi, che necessitano certe volte di stimoli un po' più elaborati, provate la via giapponese. Il bento è un'arte che consiste nel creare vere e proprie sculture commestibili. Esistono kit di taglia-cibi grazie ai quali potrete anche voi trasformare una fettina di prosciutto in Hello Kitty! In rete troverete tanti blog da cui trarre ispirazione.

morbide briochine
con gocce di cioccolato
Questa versione "mediterranea"
con l'aggiunta di fichi secchi è ottima
per la colazione del weekend.

pangoccioli con fichi secchi

15 g di lievito di birra fresco, 12,5 cl di latte, 500 g di farina, 110 g di zucchero, sale, 2 uova, 110 g di burro, 2 cucchiai di panna fresca, 70 g di cioccolato fondente tritato, 50 g di fichi secchi tagliati a pezzettini, 1 tuorlo

Sciogliere il lievito nel latte tiepido. Versare la farina, lo zucchero e un pizzico di sale a fontana, aggiungere 2 uova, il burro morbido, la panna e infine il latte con il lievito. Amalgamare il tutto fino a ottenere un impasto liscio ed elastico, poi coprire e lasciar lievitare a temperatura ambiente per 2 ore. Reimpastare velocemente, incorporando il cioccolato e i fichi. Dividere l'impasto in 12 porzioni, formare dei panini e lasciar lievitare per 1 ora. Spennellarli con il tuorlo diluito con poco latte e infornare a 180 °C per 25 minuti. Dose per 12 panini.

dolcetti e fantasia

Oltre ai fichi, nell'impasto potete aggiungere altra frutta secca come noci, nocciole, noci pecan tritate grossolanamente, albicocche, datteri o prugne (o addirittura dadini di frutta candita, se vi piacciono). Potete anche preparare la versione golosa originale e usare 100 g di cioccolato fondente, oppure cuocere, in uno stampo da plum-cake, un'unica grande brioche da affettare.

tutti amano i pancake

*Infatti sono uno di quei piatti che riescono
a mettere d'accordo tutte le generazioni.
Questa ricetta poi, veloce da realizzare, è
perfetta per rallegrare la domenica mattina.*

pancake integrali al latticello

120 g di farina o, 120 g di farina integrale, 2 cucchiai di zucchero integrale di canna, 1/2 cucchiaino di sale, 2 cucchiaini di lievito per dolci, 1 cucchiaino di bicarbonato, 2 uova, 60 ml d'olio extravergine d'oliva, 50 cl di latticello, 20 g circa di burro, sciroppo d'acero o miele

In una ciotola mescolare le farine con lo zucchero, il sale, il lievito e il bicarbonato. In un'altra ciotola sbattere le uova con l'olio e il latte fermentato, poi incorporare la miscela secca, senza mescolare troppo (se rimangono un po' di grumi va bene lo stesso). Sciogliere in una padella un fiocchetto di burro, deporre qualche cucchiaio di pastella e lasciar cuocere per 2-3 minuti a fuoco medio per lato. Procedere allo stesso modo fino all'esaurimento del composto. Servire con fioc-chetti di burro e un filo di sciroppo d'acero o di miele. Dose per circa 15 pancake.

tuttifrutti

I pancake si possono condire in mille modi, ma danno il meglio di sé in abbinamento con la frutta. Meglio non incorporarla alla pastella ma premere i pezzettini direttamente nell'impasto appena versato nella padella: mirtilli, lamponi, pezzetti di fragola, mela, banana o ananas... ci si può sbizzarrire! Provate anche a servire i pancake con semplice yogurt naturale, un filo di miele e un goccio di succo di limone.

alimenti sani e buoni

È giusto iniziare
a inserire ingredienti integrali
nella dieta dei bimbi, anche
perché in questo modo avranno
la possibilità di abituarsi
a nuovi gusti e consistenze:
un sapore e una densità
più complesse e più naturali,
che non devono necessariamente
far pensare alla "segatura".

perché mangiarli?

Le farine e i cereali integrali si ottengono dal chicco intero, non decorticato. In questo modo la quantità di proteine della farina aumenta, abbassando l'indice glicemico e il rilascio di insulina (in altre parole gli zuccheri contenuti nei prodotti integrali sono ad assorbimento più lento). Il chicco intero rappresenta anche un buono stimolo per il sistema immunitario, ne alza le difese oltre a provvedere a una integrazione vitaminica. Infine chi dice integrale dice fibre, che regolano la funzionalità intestinale aiutando a limitare l'assorbimento del colesterolo.

come diventare più integrali?

Acquistando pasta e pane integrali (attenzione però che non siano "falsi integrali" in cui si unisce la farina 00 alla crusca), cucinando riso e cereali non decorticati (se cotti bene non danno l'effetto "segatura", anzi hanno un bel sapore intenso) e sostituendo, nei dolci fatti in casa, metà o più della farina bianca con farine integrali.

un dolce non plus ultra

*Ecco una leggera e deliziosa "coperta di Linus",
un dolce morbido e croccante, perfetto
per la bella stagione, da replicare
rigorosamente con tutta la frutta
estiva che avete a disposizione.*

crostata di crema e fragole

80 g di zucchero a velo, 120 g di burro, 25 g di farina di mandorle, 1 presa di fior di sale, 1 uovo, 200 g di farina, 1/2 litro di latte, 1 bacca di vaniglia, 4 tuorli, 100 g di zucchero, 2 cucchiai di fecola, 1 foglio di gelatina, 500 g di fragole

Setacciare lo zucchero a velo sul burro morbido. Aggiungere la farina di mandorle, il sale e mescolare. Unire l'uovo, sempre mescolando, poi incorporare la farina. Avvolgere l'impasto con la pellicola e mettere al fresco per una notte. Preparare la crema facendo bollire il latte con la vaniglia. Sbattere i tuorli con lo zucchero e la fecola, poi versarli nel latte bollente amalgamando bene e far addensare a fuoco basso per 5 minuti. Incorporare infine la gelatina ammorbidita. Lasciar raffreddare e conservare al fresco. Infine, stendere la pasta a 2 mm di spessore, foderare uno stampo da crostata coperto di carta forno e cuocere in bianco a 180 °C per 25 minuti. Lasciar raffreddare, poi farcire con la crema e decorare con le fragole tagliate a fettine.

crostata di una notte di mezza estate

Ciascuno può avere, in materia di crostata, le proprie convinzioni: io sono affezionata a questa versione, che ricorda le torte della mia infanzia, modificata seguendo il mio gusto. Nell'insieme è un dolce non troppo pesante e deliziosamente goloso. Potete sostituire le fragole con tutti i frutti rossi o con la frutta estiva matura che preferite (albicocche, ciliegie, pesche, susine, persino fichi o uva).

il dolce è di stagione

il lato dolce della frutta

Tutti amiamo i dolci, ma ci preoccupiamo di non darne troppo ai nostri bimbi (e di mantenere la nostra linea). Ma se il dessert è composto al 50 per cento o più di frutta, sarà anche al 50 per cento più sano dei dolci in cui essa non è presente... E via quindi a crostate e crumble con crosta sottile e un generoso strato di frutta, a patto però che questa sia di stagione, condicio sine qua non per gustarla al meglio del sapore.

a ogni stagione la sua

Oltre alle crostate di crema e frutta per l'estate e i caldi crumble invernali, rimane da coprire le mezze stagioni. Pensate a bicchierini golosi nei quali alternare pezzetti di mandarino con yogurt greco, mandorle tritate e gocce di miele; o sottili fettine di pesca bianca da alternare a strati di ricotta di mucca, condite con buccia di limone e foglioline di basilico; o fettine di fragola marinate con la menta, alternate a formaggio fresco mescolato a panna montata e briciole di pan di Spagna bagnato con succo d'arancia.

estate

primavera

autunno

olo frutta

Ma la frutta può essere
nche un dolce a sé:
n bicchierino di insalata
i frutta condita con un po'
i semini di vaniglia
 un mandarino spremuto
 buono e gioioso; da
scoprire anche le pere
otte o le mele cotogne
ratinate al forno: sono
ualcosa di sublime!

*Se la crostata di crema e frutta
è il dolce dell'estate per antonomasia,
questo crumble è il suo equivalente autunnale,
in cui la frutta matura è tenuta al calduccio
in una croccante coperta di briciole...*

crumble di mele e prugne

4 mele renette, 4 prugne, 1 cucchiaino di cannella in polvere, 1 cucchiaino di quattro spezie, 2 cucchiai di sciroppo d'acero, il succo di 1 limone, 1 cucchiaino di fecola di mais, 130 g di farina, 100 g di burro, 3 cucchiai di zucchero di canna, sale, 1 cucchiaino di lievito per dolci

Sbucciare le mele e tagliarle a cubetti. Tagliare le prugne a pezzettini. Mescolare la frutta, aggiungere le spezie, lo sciroppo d'acero, il succo di limone e la fecola di mais. Amalgamare bene e lasciar riposare. In una ciotola unire la farina con il burro fuso, lo zucchero, una presa di sale e il lievito per dolci. Lavorare con le dita in modo da ottenere delle briciole. Versare in una teglia la frutta e cospargerla d'impasto sbriciolato. Infornare a 170 °C per 45 minuti o finché la superficie del crumble è diventata dorata.

crumble per tutte le stagioni

Niente di più facile che personalizzare un crumble: siccome la stagione delle prugne finisce a ottobre, variate la frutta (ottime le pere e le mele cotogne, anche mescolate con mango, banane, pezzetti d'arancia o di ananas), aggiungete un goccio di Grand Marnier o rum (se il crumble è per adulti). Nell'impasto invece potete variare le farine (tutte) e aggiungere fiocchi di avena o frutta secca tritata.

divertirsi mangiando

l'ingrediente più importante

È l'amore. Ma anche la felicità, quella di stare a tavola tutti insieme e di condividere cibi preparati con cura e affetto, due "ingredienti" che rendono i piatti ulteriormente e incomparabilmente buoni, buoni come solo la cucina della mamma sa essere. Spegnete quindi la tv e sedetevi a tavola: è il momento non solo di mangiare, ma anche di stare insieme.

il gioco della cucina

Un ottimo modo per rendere più accattivante una pietanza per i bambini è semplicemente quello di coinvolgerli nella preparazione del cibo. A seconda dell'età e delle capacità acquisite potrete delegare mansioni di differenti gradi di difficoltà, dal formare le polpette ad assemblare le diverse componenti della lasagna. I più piccoli saranno al settimo cielo se date loro due cucchiai per mescolare l'insalata condita, o se li sistemate accanto al ripiano della cucina in modo che possano osservare i preparativi. Cucinare è per i bambini fonte di scoperta, di conoscenza e di orgoglio ed è anche un'attività che non faticherete a proporre, visto che la svolgete tutti i giorni.

indice degli argomenti

le ricette per ingredienti

grazie!

a Lena, perché esserti mamma è un'immensa gioia: mi fa scoprire tutti i giorni cose nuove riguardo al cibo e mi regala l'incredibile avventura di vederti crescere. Mi auguro che cucinare e mangiare insieme rimanga sempre un piacere anche per te

a Gaetano, per lo sconfinato supporto di sempre. Non saprei cosa fare senza di te

a Chiara, per questo quarto libro fatto insieme. Rimani la mia grafica del cuore, nella buona e nella cattiva sorte

a Tania, Chiara, Michela, Angela, Laura e a tutte le mie amiche, mamme più navigate di me. Grazie per il tempo e i consigli che mi avete regalato in quel bellissimo primo anno di "mammitudine" pieno di incertezze, dubbi e punti interrogativi

a Sara, Sandra e Cinzia: è stato bellissimo diventare mamma con voi. Spero che ripeteremo ancora quest'esperienza tutte insieme

a mia mamma e a mia nonna, perché senza di loro (e senza le cose buone con le quali mi hanno cresciuta) semplicemente non sarei qui. Merci!

Finito di stampare nel mese di marzo 2013
presso Elcograf S.p.A., via Mondadori 15, Verona
Stampato in Italia - Printed in Italy